UND NICHTS DARUNTER

DÄMON SANR

Wenn ein Engel fällt, wird er zum Dämon
Die Strafe. Der dunkle Lohn
Seiner Unachtsamkeit
Muss nun ein Teufel sein auf alle Zeit

Und achtsam. Auch im schwarzen Licht
Sicherheit hat auch ein Teufel nicht

Denn fällt der Teufel, fällt der Dämon
Die Strafe. Der dunkle Lohn
Seiner Unachtsamkeit ...

Ein Mensch zu sein auf alle Zeit
Und nichts darunter
Ein Mensch ...

Erst kommt das weiße
Dann kommt das schwarze
Dann kommt das Doppellicht

Und tiefer fällt auch ein Teufel nicht

1 →

SEHN
SUCHT

Ich wollte, ich wäre
'Ne Preiselbeere
Ich hinge am Strauch
Und ruhig wär's auch

LITE
R A
T U R
G N Ä
D I G E
F R A U

3→

Wir sitzen in einem kleinen, privaten Kaffee – dort können wir umgerührt werden. Der Löffel ist unsere Fantasie.

Glauben Sie mir, gnädige Frau, eine Großzahl Menschen wird demnächst ihren Löffel abgeben. Die Überbevölkerung, die wachsenden Weltprobleme, die verkürzten Strecken von mir nach China und von China nach Peking – das alles fragt nach klaren Regeln, nach deutlichen Formen der Verständigung. Und Ernst!

Es gibt Menschen, die rennen durch ein Museum, bis sie vor einem Bild stehen, das ihnen gefällt. Meistens ist es ein Fenster.

Wer ein Buch sieht, erwartet ein Buch.

Es ist ein Museum. Immer. In einem Museum kommt erst ein Bild, dann eine Wand, dann wieder ein Bild, und ab und zu ein Wärter. Für die Übergänge muss der Betrachter sorgen. Wenn er meint, ein Bild hängt schief, soll er sich eine Kopie kaufen und die gerade hängen. Wer das Original anfasst, weckt die Alarmanlage. Dann klingelt es im Museum. Dann kommt der Dichter und schimpft.

Lassen Sie uns träumen, gnädige Frau.

Es ist eine Kunst, in einem Wald von Verkehrsschildern ein Liebesherz in einen der Pfähle zu ritzen. Anders gesagt: Ein Wiener Sängerknabe ist ein Würstchen in zarter Eigenhaut.

Ich würde Ihnen das Buch gerne widmen. Widmungen geben mir das Gefühl einer zwischenmenschlichen Verpflichtung.

Nein ... Was ich gestern gesagt habe, habe ich gestern geglaubt.

Ich lüge nie. Ich verändere höchstens. Ich genieße den Vorteil, ein Dichter zu sein.

Literatur, gnädige Frau.

GEHEN ZUSAMMEN HÄNGE

FLÖTEN, HÖR ICH MUSIK

(Entschluss am Samstag)

DER MUSS EN KUSS

EIN SATZ ZEICHEN
FÜR DEN EINSATZ
VON SATZZEICHEN:
? ? ? ... , , , ; . . : – – !

6 →

Zweifel im Gesicht er
Muss da sprach der Dichter
Rein wies in der Hand
Einen Nagel auf die Wand

Die und hob den Hammer
Nackt in seiner Kammer
Einzig ungeschmückt
Nun mit einem so es glückt

Bild moderner Art er
Wie es einst der Vater
Tat zu zieren bang
Richtung Hand den Hammer schwang

Dachte noch ich schwing er
Ist im Weg der Finger
Falsch vom Worte her
Alles bestens richtig wär

Haute zu und traf den
Nagel schrie er warf den
Doppeldeut'ges Wort
Nagel Hammer fluchend fort

Schrieb Schmerz wohl'ger Schauder
Tage später trau der
Deutschen Sprache nicht
Worte trügen ein Gedicht

Über Nägel Musen
Küssen Dichter schmusen
Manchmal nehmen sie
Hammerschläge Poesie

Zu entfachen unter
Schmerzen schrieb er wund der
Finger in der Kunst
Ist auch Leiden eine Gunst

Ist schrieb er Gewinn der
Sprache Wirrnis Sinn er
Lautet Vorsicht heißt
Wie beim Nageln gib entgleist

Auch nur eines Wortes
Schlag dir acht dass dort es
Mensch nicht ob in Schrift
Oder Ton dich selber trifft

Ja mit Sorgfalt klopf des
Wortes Nagelkopf es
Schmerzt zuweilen sich
Selbst zu treffen fürchterlich

Und in seinem Zimmer
Jenes das ja immer
Noch nicht hing das Bild
Aufzuhängen nahm er wild

Entschlossen es zu tun
Den Hammer sprach und nun
Folgt der Theorie
Die Konkrete Poesie

Sprach es folgt die Tat mein
Erster Schlag er ward ein
Böses Eigentor
Aber nun Wand sieh dich vor

Worte sind gern klug er
Holte aus und schlug der
Hammer dessen Stiel
Er konzentriert auf sein Ziel

Nicht halten konnte flog
Ihm aus der Hand zwar zog
Er die and're dort
Die den Nagel hielt schnell fort

Jedoch mit Gewalt der
Hammer ohne Halt er
Traf und das tat weh
Unten den Poetenzeh

Auf den Nagel schlage
Schicksal schrieb er Tage
Später mich und küsst
Musen wenn ihr küssen müsst

Schmerzt es auch ein Dichter
Fühlt was and'rer nicht er
Hat den Nerv nicht kennt
Schrieb in meinem Innern brennt

In der Zehe Herd ein
Feuer daraus werd' ein
Glühend Eisen Kunst
Das ich in der Flammenbrunst

Aus dem Schmerz mir schmiede
Schrei'n am Punkt der Siede
Ungenutzte nicht
Geformte Töne ein Gedicht

Daraus zu kreieren
Sich mir zu schrieb ihren
Klängen abgelauscht
Vom Gesing der Qual berauscht

Daraus das Enorme
Wie ich's Welt mir forme
Binde mit der Kraft
Schmerzgebor'ner Leidenschaft

Kunst sie zu gebären
Das willst du mich lehren
Qual der Poet er
Schafft wo and're mit Gezeter

Grad noch reagieren
Laute Luft aus ihren
Röhren stoßen die
Höh're Welt der Poesie

Dieses und er schrieb es
Lehrt der Schmerz mich gib des
Zieles Wille auf
Mensch und nimm dich selbst in Kauf

Nageln ist ein Handwerk
Was ich an der Hand merk
So wie auch am Zeh
Nageln ist nicht mein Metier

Bin Poet bin Dichter
Mancher kann das nicht der
Nägel trifft vermag
Nicht wie ich mir Brücken schlag

Und mir Tunnel bau der
Sprache Sinnenstau der
Worte Taumel dann
Zu kreieren was ich kann

Dichtkunst heißt mein Leben
Hammer ich daneben
Hau mich selbst was soll's
Und er nahm den Hammer stolz

Sprach er sei es drum es
Mag verkehrt sein dumm es
Ist egal und schmerzt
Es auch rief er trat beherzt

Zur Wand es inspiriert
Holte aus wer sich ziert
Wer zu leiden nicht
Schmerz ist eine hehre Pflicht

In der Kunst bereit der
Kommt auch sonst nicht weiter
Haute zu und Schluss
Er war zu stark der Musenkuss

Es stand in der Zeitung
Dichter trifft die Leitung
Untertext Poet
Alle Hilfe kam zu spät

Unter Strom daneben
Stand wofür zu leben
Lohne ein Gedicht
Aber das verstand man nicht

Kam erst Jahre später
Das was der Poet er
Hat den Hammerstil
Kreiert sagen wollte Ziel

Der Kunst die nicht Zwecken
Dienen die entdecken
Will kann nur allein
Sie die Kunst sich selber sein

Keiner Not verpflichtet
Als der eig'nen dichtet
Sich das Wort zur Kraft
Die statt Altbewährtem schafft

Was neu meine Kunst sie
Mag der Menge Gunst nie
Gewinnen entsteht
Aus Scheitern schrieb der Poet

Aus Ohnmacht dem Sagen
Das sich fehlt verschlagen
Hat und was ich traf
War ich selbst ein Dichter darf

Muss was eigentlich er
Will verlieren sicher
Find ich was ich kenn
In der Irre lebt das nenn

Ich wofür zu leben
Lohne jenes Streben
Meines Selbst das ich
Lieb es immer anders mich

Trifft ein Bild ich häng es
Auf denk ich und peng es
Schmerzt der Nagel da
Es mein eig'ner Nagel war

Ist so gleich das Wehe
Wenn ich einmal gehe
Sterbe werd ich einst
Lach dann lach denn wenn du weinst

Glaubst du doch ich habe
Mich verzielt die Gabe
Wo ich treff mein Ziel
Und das nenn ich Hammerstil

Anzunehmen lachen
Sollst du Sprünge machen
Die besitze ich
Noch im Tode treff ich mich

Lach wenn Musen küssen
Lach wir alle müssen
Sterben und das heißt
Doch nichts and'res als dem Geist

Der Kunst zum Kusse sich
Hinzugeben küsse mich
Wie es dir gefällt
Schöne unbekannte Welt

KLEINE MAHNUNG

Jedes Leben braucht ein Ziel
Drum: Tue nicht zu viel
Die Pflicht – sie gibt dem Leben Sinn
Leg' immer was für morgen hin

DU GEHST

Ich wünsch dir eine gute Zeit
Adieu ... Jetzt braucht es Tapferkeit
Du gehst, sprengst unserer Liebe Ketten

Schatz
Ich hol nur Zigaretten

BEI REGEN

Am Morgen wird die Sonne munter
Und am Abend geht sie unter
Sie strahlt und wärmt der Erden Kruste
Was ich alles schon vorher wusste

Mal mit Wolken, mal dahinter
Im Sommer doller als im Winter
Alles bekannt – die Sonne ist heiß
Und soweit ich sonst noch weiß

Schenkt sie, wenn die Nacht anbricht
Dem Mond sein sanftes, warmes Licht
Er reflektiert der Sonne Leuchten
Ansonsten gibt es noch Tage wie diese

Die feuchten

S I
B Y
LL E

12 →

Der Wind, er rauscht im Abendhof
Der Nachbarssohn ist hübsch, doch doof
Sibylle seufzt im Herzen schwer
Ach, wenn er doch so hübsch nicht wär'

Was zählt der Schönheiten Gewalt
Was wiegt der Vorteil der Gestalt
Wenn ich mich nicht mit einem Mann
Gesittet unterhalten kann

Der Wind, er singt sein stürmisch Lied
Die Nacht bricht an – der Tag, er flieht
Sie weiß es ja und kennt es schon
Ist alles doch nur Illusion

Des Dunkels Trug, der Sonne Schein
Du kannst nicht alles haben, nein
Und was in eines Lebens Frist
Am Ende dir bedeutend ist ...

Sibylle seufzt ein weit'res Mal
Im Inn'ren tief der Sehnsucht Qual
Der Nachbarssohn klopft an die Tür
So doof – und kann doch nichts dafür

Sie öffnet still, im Herzen schwer
Ach, wenn er doch so hübsch nicht wär'
Und spricht:»Herein ... Ich bin gewillt
Verführt von deiner Schönheit Bild

Doch bitt ich dich – lass Worte sein«
Der Nachbarssohn, er willigt ein
Sibylle ist die Schönste nicht
Und nervig auch, was sie so spricht:

Der Sonne Schein, des Dunkels Trug ...
So quakt sie rum, so blöde klug
So abgehoben, doch egal
Das Dorf ist klein, begrenzt die Wahl

Bist selbst du auch an Schönheit reich
Die Not ist groß – da ist es gleich
Da nimmst du dann in aller Stille

Sibylle

Mus. Intermezzo, dann geht es weiter

Und der Wind, er singt sein Lied
Der Tag, er naht – die Nacht, sie flieht
Sibylles Bett ist aufgewühlt
Des Träumens Hitze abgekühlt

Der Nachbarssohn, er schweigt und geht
Der Liebe Münze umgedreht
Erzählt sich Reue nun – egal
Das Dorf ist klein, begrenzt die Wahl

Du kannst nicht alles haben, nein
Des Dunkels Trug, der Sonne Schein
Und sie weiß es – morgen, ja ...
Da geht er dann zu Erika

Noch ein Intermezzo, aber kurz

Was soll's!

Für eines Lebens Glück
Gilt einzig doch der Augenblick
Verweile doch ... Du bist so schön
An dir will ich zugrunde geh'n

Dann wieder naht und raubt die Zeit
Des Momentes Ewigkeit
Sibylle seufzt im Herzen schwer
Sie flüstert leise:»Nimmer mehr«

Doch kaum gesprochen, dreht aufs Neue
Sich alles Träumen fort von Reue
Hin zur Not – das Dorf ist klein
Und sie hat keinen Führerschein

Musik begehrt auf – einmal noch

Der Wind, er rauscht und singt sein Lied
Die Nacht, sie naht – der Tag, er flieht
So wechselt alles ständig dahin

Vom hellen Glück zum dunklen Sinn
Und zurück zu der Sonne Licht ...

Geflüstert

»Komm wieder, ja ... Und rede nicht«

BAU
CH

Ich hab jetzt so einen kleinen Ansatz. Das ist neu. Da muss ich erst noch mit fertig werden.

Also, wenn ich mich hinlege, geht das. Dann sieht das wieder gut aus. Und ich kann auch einziehen, wenn das darauf ankommt. Das darf dann nur nicht so lange darauf ankommen.

Na ja ...

Am besten ist es, wenn ich einziehe und mich hinlege. Dann sehe ich fast sportlich aus.

Und strecken geht auch. Wenn ich stehe, also - so aufrecht, die Kopfspitze nach oben, dass sich der ganze Körper zieht, und dann muss man vorwärts gehen.

Oder man behilft sich. Mit so einer Unterbinde. Das ist dann nur beim Atmen nicht so gut. Und beim Kennenlernen - wenn es dann soweit ist und ich ziehe mich aus ...

Na ja ...

Es geht. Dann muss ich Einziehen beim Ausziehen. Und mich ganz schnell hinlegen. Und erst das Licht ausmachen. Und dann setz ich den Hut ab.

Ich hab ja jetzt Haarausfall.

Na ja ...

KURZ
GE
SCHICHTE

Axel Schweiß
Und Theo Dorant
Trafen
Ma'riechen

F A
B E L

Es sprach die Spinne zum Eulerich
»Ich bitte dich, berate mich
Ist es rechtens, dass ich spinn´?«

»So wahr ein Eulerich ich bin
Schau hier den Vogel lieb und klein
Er sang so schön, ich fing ihn ein

Du webst dein Netz, ich habe Krallen
Wir leben nicht, um zu gefallen
Es lebt ein jeder nach seiner Weise
Du spinnst und ich ...

Ich hab´ ne Meise.«

DIE BERUFUNG

Ich hatte eine Vision!

Es war ein kleiner Landstrich am Meer. Ein Mini-Strand.

Und wie er da vor mir lag – ich wusste nicht: Was soll es mir heißen?

Ein Ministrant ...

Und ich schaute dahinter und ich sah:
Wasser! Ich sah Wasser, das Symbol der großen Fragen:

Wass'er mir sagen will ...

Doch noch immer wusste ich nicht: Was soll es mir heißen?!

Und ich schaute wieder dahinter und ich sah: Boote! Ich sah Boote, und ich verstand.

Ich bin der Bote!

Ich bin auserwählt, die Proligion zu verkünden.*

Und ich rief: Nein!

Doch da sah ich einen großen Fisch. Und der große Fisch verschwand.
Und da wusste ich: Ich habe keine ... Wal.

Also ergab ich mich (*würg* ...) und war b'reit.

Bereit ...

___

* Proligion, die – (Freiung), nach vorn gewandte Ligion der Schöpfung, seit ca. 2001, Kritik der determinierten Hoffnung, Gegenbegriff zur rückwärts gewandten Religion (Bindung). Der Revokation (verborgene Provokation) traditioneller Glaubenssätze entgegnet die Proligion mit Thesen wie die der Beseeltheit von Suppen oder der Selbstwahl im Sexuellen (Kröhlmann). Dabei ist alles Ligiöse »Uns Ich Er« (s. Predikt), lt. Tresant (Das Dogma, 2003) ein »zur Bindung Umworbenes«, dessen Freiung sich »im Dialog letzter Unwissenheit [...] und vorletzter, glaubender Verantwortung« zu bewähren sucht.

PREDIKT

(WERDEN UND SEIN)

Liebe Gemeinte.

Neulich durfte ich dabei sein, wie ein kleines Kind ein neues Wort lernte. Das Kind konnte schon das Wort ›Mama‹ sprechen – Mama heißt ja aus der Kindersprache übersetzt:»Mach mal« ...

Und nun lernte das Kind ein zweites Wort. Die väterliche Aufsichtsperson stand vor der Wiege und das Kind brachte seinen Trotz zum Ausdruck – es sagte:»Pah!« Voller Gegenwehr, mit kleinen geballten Fäustchen, sogar zweimal:»Pah pah!«

Wie wichtig war dieses Ereignis! Ein kleiner Mensch entdeckt die Trotzkraft, den Eigensinn, ja – den Widerstand.

Natürlich bewegte dieses den Vater sehr, doch dann siegte das Herz und er lächelte. Er wusste um seine Aufgabe, seine Bedeutung für dieses kleine, heranwachsende Wesen. Denn der Vater ist ja der Mensch, der uns ins Leben weist, der uns den Pfad angibt – darum heißt es auch: Pfater.

Zugleich aber hat er die Aufgabe dessen, gegen den wir uns wehren, uns auflehnen, auf der Suche nach dem Eigenen. Der Pfater sagt uns, wo es langgeht und wir antworten mit einem doppelten ›Pah Pah‹.

»Wir wollen unseren Weg selber finden.«

Aber seien wir doch einmal ehrlich. Was wären wir ohne diese Auflehnung? Gehorsame Kinder in einer geordneten Welt, in der es keine Veränderung mehr gibt, alles bleibt beim Alten, wie es der Alte angibt – ja, langweilig, pfad, mehr noch:

Eine nur gehorsame Existenz ist eine Existenz ohne Verantwortung!

Sicher, unsere Kinder brauchen Sicherheit, sie brauchen Vertrauen – darum spricht die Kirche ja auch von ›Vati kann‹.

Aber nur Gehorsam, Ergebenheit – das führt zu einer schicksalsgläubigen Existenz, zum Vaterlismus.

Es fehlt der Eigenwille, die Bereitschaft zur Auflehnung. Die wir als Trotz erfahren, als Widerstand – als Generationenkonflikt: Die Väter meinen, dass die Kinder vom rechten Pfad abkommen, und die Kinder sprechen von ›Feta-Käse‹.

Mit Recht! Wenn wir unseren Kindern nicht den Raum zum Eigenen geben!

Ich möchte aber auch kurz auf die Rolle der Mutter zu sprechen kommen. Die Mutter ist ja ebenso von hoher Bedeutung für die Vertrauensentwicklung des Kindes, nicht so sehr im Intellektuellen, mehr im Emotionalen – von der Mutter erhalten wir unseren Lebensmut – im Sinn einer Steigerung:

Steigere ich das Wort ›fit‹, erhalte ich ›fitter‹, steigere ich ›Mut‹, erhalte ich ›Mutter‹.

Und auch hier kann es bedenklich werden, ähnlich wie bei dem übertriebenen Gehorsam des Vaterlismus. Erfährt dieser kleine Mensch zu viel Zuwendung, zu viel Bestätigung, kann es schon mal zur Muttertion kommen:

Zu große Selbstsicherheit, ein Mangel an Kommunikationsfähigkeit – ich weiß alles besser, ich bin stark:»Komm, wir gehen China erobern« – »Ja, mach Ma ma.«

Liebe Brüder, liebe Schwestern, liebe Einzelkinder – worauf will ich hinaus?

Die Selbstsicherheit des Menschen, oder – wenn wir kurz ins Griechische gehen: ›Auto‹ kommt aus dem Griechischen und heißt übersetzt: ›Selbst‹.

Und nun schauen wir, wie viele kleine Selbste an den Straßenrändern stehen. Am Sonntag Vormittag werden sie geputzt, und dann setzen wir uns zusammen und klagen über den Mangel an Parkplätzen.

Ein anderes Wort für Auto ist ›Wagen‹ – womit ich wieder bei der mütterlichen Frage des Mutes wäre. Und was passiert denn, wenn wir unser Selbst benutzen, es benutzt haben, wie heißt es dann? Dann heißt es:»Ich bin gefahren. Wir sind Gefahren.«

Wissen wir das? Wir sind Gefahren, wir sind Risiken? Wir sind der Grund für die Unsicherheiten in dieser Welt? Wenn wir unserer Selbst benutzen, unser ›Auto‹.

Lassen Sie mich den Weg der Führworte gehen – Führworte haben ja den Sinn, dass sie uns führen – darum heißt es ›Führworte‹. Nehmen wir einmal das kleine Wörtchen ›Uns‹ als Ausdruck für die Gesellschaft, die Forderungen der Gemeinschaft, und das kleine Wörtchen ›Er‹ für Gott, als Begriff der Religionen und ihrer Gebote.

Und nun fügen wir noch das kleine Führwort ›Ich‹ da mitten hinein, als Wort für den Menschen, der sich innerhalb der Forderungen von Gesellschaft und Religion bewähren soll.

Was erhalten wir? Wir erhalten den Begriff ›Uns ich er‹, den Lebenszustand ›Uns ich er‹. Das kleine Ich, umzingelt von den Geboten von Gesellschaft und Religion:

›Unsicher‹.

Das sind wir. Wir sehnen eine Welt der Klarheit, der Geborgenheit – im Sinn des Vati kann, eine geordnete Welt, erklärt in der komplexen, aber eindeutigen Sicht eines Einstein. Doch wir leben in einer Welt des Zweifels.

Zwei Fels, nicht Einstein. Es ist Uns-ich-er.

Vielleicht, weil wir nicht mehr vermögen? Lateinisch: Mens – der Geist. In der Form der Verniedlichung: Mens-chen ...

Das sind wir? Kleine Geister ...?

Damit leben, es anerkennen – wie viel einfacher ist es doch zu glauben, dass wir wissen. Wir kennen die Wahrheit!

Ja ... Wie sicher schien es, dass die Erde eine Scheibe ist, und dann hieß es doch einzusehen, dass sich diese Scheibe ...

Wellt!

Es ist keine Scheibe, es geht nicht an den Rändern herunter und ein gigantischer Abgrund tut sich auf – nein, es geht immer weiter! Der Horizont, er wandert mit, der Horizont unserer Erkenntnis, er bleibt nicht stehen. Er bleibt nur stehen für den, der sich nicht bewegt.

Erinnern wir uns an das ›Pah Pah‹ des Galilei gegen über dem Vati kann. Das Kind hatte Recht!

Wenn ich stehen bleibe, kenne ich die Wahrheit. Doch wenn ich aufbreche, wenn ich bereit bin, mich zu bewegen ...

Meine Damen und Herren, liebe anders Gestaltete ...

Wir sind unterwegs. In der Uns-ich-er-heit dieser Wellt. Und es bleiben Zweifel, bleiben Fragen, all unserem Fortschritt, unserem eroberten Wissen zum Trotz führen wir doch noch immer ein Leben – wie die Nomaden:

Wenn ich ›nur Wüste‹ ...

Auf dem Weg in ein verheißenes Land, und es ist heiß! Auf unserem wüsten Weg auf Zukunft hin, die konjunktivische Existenz:
›Was würde?!‹

Der Konjunktiv ist ja im Grundgesetz verankert – Artikel eins: »Die Würde des Menschen ist unantastbar«.

Ja! Etwas, das wir immer neu zu schaffen haben, das sich Tag für Tag neu zu bewähren hat. Die Zukunft, das Werden – das ›Wer denn‹ vermag ich zu sein? Wer denn?!

Es ist uns-ich-er ...

Zugleich aber bedeutet diese Uns-ich-erheit die große Chance, dass wir unser Leben gestalten dürfen.

Auf die Gefahr, dass es unsere Angst kostet, unsere Angst schmeckt wie ein wildes Tier: Die Welt dreht sich, verändert sich, der Weg ist nicht für die Kinder der gleiche wie für die Väter. Es gibt mehr als ein ›Sein‹ – ein klares, einziges, für alle immer gleiches ›Sein‹.

Es ist eine Vielfalt, so dass es besser heißen sollte: Nicht ›das Sein‹ – nein, mehr: ›Die Seine!‹.

Der Schöpfungsbegriff: ›DieSeine!‹

Wir leben in einer DieSeinerWellt! Eine geschaffene Wellt, gestaltet – wobei, wenn ich es weiblich ausdrücken will, das geht auch, ich nehme statt ›Seine‹ ›Ihre‹, dann abzuleiten vom Kredo, der Glaubensaussage:

›Krelhre‹ ...

Der weibliche Schöpfungsbegriff.

Und das ist unsere Aufgabe. Aufgabe im Sinn von: »Ich gebe auf!« Immer neu – was ich so sicher gemeint, gewusst, geglaubt habe. Ich lasse meine Zweifel zu. Ich bin wieder bereit zum Höh'ren!

Kann es nicht sein, dass der Zweifel uns liebend macht?
Muss ich nicht, um diese Welt zu begreifen, aufgeben, was ich dafür halte?!

»Pah!«

Ich gebe auf – und ich nehme meine Aufgabe an. Ich schöpfe diese Welt!

Kreiere die Seine !

Wir sind Geschöpfe, ja! Doch wir sind auch Schöpfende. Wenn wir die Verantwortung übernehmen, nicht einfach sagen: »Ma ma!« – und es passiert schon. Wenn wir auch bereit sind zu den unbequemen Antworten der Auflehnung gegen das Bestehende:

»Pah Pah!«

Wenn wir wieder zu Kindern werden, in einer Welt des ZweiFels, uns-ich-er. Doch wir wagen unsere Welt, unser fantastisches, geschöpftes Leben.

Und so rufe ich auch heute Abend wieder mit Freude: Lasst uns diese Welt schöpfen!

Kreihre dieSeine – schöpfe deine Welt!

WIE ES ZUR RELIGION DER WÄNDE KAM ...

Traf dereinst eine Pastete eine zweite und sprach:

»Wozu leben wir?
Irgendwann werden wir alle verputzt.«

Dieses hörte eine mit der Zeit alt und rissig gewordene Wand. Schnell lief sie, die frohe Botschaft allen Wänden zu bringen:

»Wozu leben wir? Irgendwann werden wir alle verputzt!«

Dieses hörte eine mit der Zeit alt und mürbe gewordene Pastete.

Sie sprach:

»Ha! Stimmt doch gar nicht.
Das ist Religion. Das ist der Eifer der Jugend.

Irgendwann werden wir alle verputzt ...«

...

Kam ein Mensch und schmierte die alte und mürbe Pastete in die alte und rissige Wand.

WAS UNS * DIE BIBEL LEHRT

*WUBLs

KAIN UND ABEL

Es sprach der Kain zum Abel
»Wir sind Menschen, keine Tiere
Drum ist das keine Fabel
Wenn ich dich liquidiere«

»Oh!«, sprach der Abel nun zum Kain
»Das ist nicht fabelhaft«
Und floh und rief noch: »Lass es sein!«
Doch hat es nicht geschafft

Womit wir schon am Ende sind
Es machte Kain den Abel platt
Doch ich, ich bin ein Einzelkind
Wohl dem, der keinen Bruder hat!

LOTS FRAU

Schau nicht zurück!

Und wehe, falls!
Sie drehte den Hals
Eine Säule aus Salz

Von Ziegen entdeckt
Weggeleckt

Das ist der – meine Damen
Neugier Lohn. Amen

A D A M
U N D
E V A

»Bleib daheim und koch was Feines
Während ich zur See fahr
Ein paar Tage – Tschüß, mein Kleines«
Sprach Adam zur Eva

Am Baume hing ein Apfel rot
Die Schlange sprach:»Greif zu!«
Eva kannte das Verbot
Der Apfel war tabu

Die Frucht der Erkenntnis ...
Eva, nein!

Am Himmel hoch die Wolken flieh'n
Ein Biss, dann hört man Eva schrei'n:

»Mein Gott, ich hab nix anzuzieh'n!«

Und aus des Himmels Bläue naht
Der Herr:»Du hast ihn angekaut?
Es wird ob Deiner schlimmen Tat
Das Paradies nun umgebaut

Was fortan, Weib, Dich schmerzen soll
Es sei Dein Fluch – in Ewigkeit
Sind Deine Schränke alle voll
So fehlt Dir immer doch ein Kleid!«

So war's

Adam – heimgekehrt – er sah
Sogleich den bösen Schaden
Das Paradies war nicht mehr da
Stattdessen nur:

Ein Modeladen

WUBL 57, Version 2

A D A M
U N D
E V A

»Bleib daheim und koch was Feines
Während ich zur See fahr
Ein paar Tage – Tschüß, mein Kleines«
Sprach Adam zur Eva

Ein Kuss ...

Dann ließ er sie allein
Die Schlange kam, sie zu verführen
»Ich kenn da ein Rezept, ganz fein
Das musst Du unbedingt probieren

Lecker, lecker Reibekuchen!
Musst Du unbedingt versuchen«

»Reibekuchen?«
»Ja, norddeutsch: Puffer.«
»Och nee ...«

»Komm schon, Eva, tu's!«

»Und was dazu ...?«
»Apfelmus ...«

So war's

Adam – heimgekehrt – er sah
Den Schaden, rief: »Du lieber Gott!
Ist, Weib, was Du getan Dir klar?

Das war die Erkenntnis
Jetzt ist sie Kompott«

(NACHKLAPP)

Und die Moral von der Geschicht'
Kurz mal festgestellt:
Erkenntnis, nein – die pflückt man nicht
Man wartet, bis sie runterfällt

M O
S E S

Moses stieg vom Sinai
Er stolperte, fiel auf die Knie
Das Volk, der Tanz ums goldene Kalb ...
Er war entsetzt und fiel – deshalb

N O
A H

Mit ihm die Tafeln – er war erschüttert
Des Herrn Gebote, zerbrochen, zersplittert

Er rief: »Was pass ich nicht auf, ich Dussel!
Die zwölf Gebote, jetzt sind sie ein Puzzle!«

»Bau ein Schiff«, sprach der Herr
Noah hat gezimmert
Am Himmel hat sich bös und schwer
Das Wetter arg verschlimmert

Zwölf Gebote – in Stein gehauen
Mühsam wieder zusammenbauen
Doch es ist die Mühe wert

Regen fiel, die Sintflut kam
Dann endlich war's vorbei
Die Sonne schien hell und warm
Noah ließ die Tiere frei

Und was nicht passt, wird weggekehrt

Die er gerettet allesamt
Elefant, Giraffe, schwarze Krähen
Tyrannosaurus Rex – verdammt!
Den hat er übersehen

Noah weinte bitterlich
»Ach, ich blöder, tumber Mann!«
Und die Moral von der Geschicht'?
Es kommt nicht auf die Größe an

DAVID UND GOLIATH

Es war eine Heldentat
David gegen Goliath

Doch so ist das: Wer vertraut ...
Gegen alles wächst ein Kraut
Du musst nur gesegnet sein
Und dann trifft der Schleuderstein

Das, was zählt, ist der Wille
Nur zum Beispiel: 'Ne Bazille
Die ist ja auch nicht groß, nein:
Klein

Und?

Was haut die Bazille um?
Das Antibiotikum

DIE SCHÖPFUNG

Wenn die Schöpfung gut doch wär'
Sprach der Arzt zur Feuerwehr
Dann könnten wir am Sonntag ruh'n ...

Nun ...
Wir sind nicht Gott, wir haben zu tun

P R   O
L   I   G   I
Ö   S   E
R   29 ↦   E
F   L   E   X
I   O   N

(HABEN UND SEIN)

Manchmal setze ich mich vor eine Fledermaus und träume. Wie sie da hängt. Verkehrt ...

Gibt es etwas Schöneres?

Verkehrt heißt ja, es war zusammen. Es ist der Unterschied zwischen Haben und Sein.

Das Leben auf der Haben-Seite:»Ich habe verkehrt.« Da war Gemeinschaft, war Begegnung, da sind Menschen miteinander glücklich gewesen:»Ich habe verkehrt!« Schön.

Dagegen: Das Leben auf der Sein-Seite ...

Die Sein-Seite ist ja die Schuldseite. Wir sagen zu unserem Leben Sein und nicht Mein, weil es uns nicht gehört. Es gehört einem Ihm und irgendwann müssen wir es zurückgeben, ob wir wollen oder nicht. Wenn wir nicht wollen, lässt er es eintreiben.

Und auf dieser Sein-Seite heißt es dann auch:»Ich bin verkehrt.«

Nicht schön. Ich bin nicht in der Gemeinschaft, ich bin falsch, ich gehöre nicht dazu:»Ich bin verkehrt.«

Und jetzt: In der Siebualität ...

Die Proligion spricht ja von der Siebualität, im Sinn von ›Noch eins drauf‹, nicht nur Sechsualität, eins mehr: ›Siebualität‹ – weil es was Schönes ist ...

Da gibt es ja Menschen, zu denen wir sagen:»Du bist verkehrt.« Menschen, die ihre Siebualität anders leben. Ich sage dazu gern: Die ihre Siebualität eher dichterisch leben.

So perVers ...

Was sich für uns nicht so reimt. Da kommen wir nicht mit klar. Homosiebualität, Sado, Maso, sowieso ... Mit 'ner Tüte über'm Kopf ... Was es alles so gibt, das wird ja immer mehr. Im Fernsehen, in der Nacht ...

Und – was ich sagen will: Wo kommt das denn her? Dass das so viel geworden ist? Kann das nicht sein – weil wir zu diesen Menschen sagen:

»Du bist verkehrt!«

Denn: Was sollen die machen?! Wenn wir zu ihnen sagen: »Du bist verkehrt« – dann müssen die doch verkehren. Damit alles wieder richtig ist!

Wenn ich verkehrt bin und ich habe verkehrt, dann ist ja alles wieder in Ordnung. Dann ist es wiedernatürlich!

Aber dann sagen wir wieder zu ihnen: »Du bist verkehrt« – und dann müssen die schon wieder! Weil wir nicht zufrieden sind, weil wir sagen: »Du bist verkehrt!« Das ist doch siebueller Stress!

Und andersrum ja auch: Wer da von sich meinet, dass er richtig sei – der soll auch nicht verkehren! Denn wer richtig ist und verkehrt, der ist ja dann verkehrt.

Ja ... Wer richtig ist, der soll richten. Aber nicht verkehren.

Wir andern aber, wir schlagen die Dächer über unseren Häusern auf, damit der Mond wieder auf unsere Sofas scheint.

Ja. Liebet euch! Liebet euch! Verkehrt!

GESPRÄCH

Tresant: Meinst Du nicht, dass es richtig wäre, du würdest wieder beginnen geschlossen zu denken?

Ich: Soll ich die Leute vorher reinlassen?

(aus: Tresant und Ich, 2001)

DER SCHWALBEN LIED

Jetzt bin ich wieder allein
Dass ich an Trennung mich nie gewöhn ...
Am Straßenrand ein Vogel klein
Was war die Bordsteinschwalbe schön!

Sie plustert sich zum Augenblick
Der heiter ist, vergessen froh
Dann fliegt es fort, das Bordsteinglück
Das ist mit Vögeln so

Der Schwalben Lied verlangen
Und hinterher allein
In keiner Lieb gefangen
Nicht frei, nein: Freier sein ...

Der Morgen kommt mit Schwere
Nimmt dir des Atems Luft
Du träumst noch, wie es wäre
Die Liebe ... ist verpufft

Du hörst der Schwalben Singen
Es flattert dir im Bauch
Von tausend Schmetterlingen
Der letzte nun – den frisst es auch

Es bleibt des Hungers süße Not
Der Schwalben Lied verlangen
Die Schmetterlinge, sie sind tot
Komm, lass uns neue fangen

ZUM MORGEN

33

Eine Freude mir zu machen
Seh ich mich im Spiegel an
Geb hinzu ein fröhlich Lachen
Einfach so, weil ich es kann

Schließ die Augen, streichel mich
Hol tief Luft und geb sie frei
Flüster leise: »Das bin ich«
Mach die Augen auf und schrei

Trommel mit den Füßen auch
Kurz nur – und das war's dann schon
Es ist ein Zauber, den ich brauch
Meine Morgenexplosion

UND AN DEN FENSTERN
HAUS NEBEN HAUS
STEHEN DIE LEUTE
UND GEBEN APLLAUS

Es ist gut, allein zu sein

Um Worte auszusprechen
Die brechen

Wenn ich sie über das Knie des
Verständnisses anderer Leute lege

Aus: Die Frau des Dracula, 1997

DREI
ZEHN
MONDE

Mein Jahr hat dreizehn Monde
Ich bin viel jünger als ich bin

Und doch verliert mit jedem Jahr
Zeit einen Mond von mir

Komm, dass ich dich finde

Wir wollen die Monde sammeln gehen
Zeit ist so arm geworden

ZUM BEISPIEL GRÜN

Pergot sah aus dem Fenster. Er sah Hüte, er sah Mützen, er sah dunkle Haare, helle Haare, rote Haare, aber keine grünen.

Er zog seinen Mantel an.

Es war Mai, ein kalter Mai, wenn man Sonne erwartet. Aber es gab sie bereits, die jungen Leute, die dem Wetter mit wenig Kleidung trotzten, sich nach dem Datum anzogen. Gleich ist Sommer, also hat es warm zu sein.

Pergot war alt.

Bald würden es sechs Jahrzehnte sein, hinzugezählt sein Gefühl, also war ein Mantel richtig.

»Es ist eine Frage der Verhältnismäßigkeit«, hatte Lukas gesagt. Er hatte von seiner Oma erzählt, sie lebte im Altersheim, er hatte sie besucht. Und er hatte sich alt gefühlt, sehr alt. »Wenn man hinsieht«, hatte er gesagt, »und dazugehört, dann ist man so alt wie die anderen.«

Ob Sebastian wieder da sein würde? Heute war der Tag, seine Rückkehr war angekündigt. Er würde wieder eine Nase besitzen. Aber es würde nicht mehr sein wie zuvor, Pergot war sich sicher.

Sechs Tage waren es, nicht mehr. Sechs Tage ...

Pergots Gewohnheit war durchbrochen, als sie Sebastian fortbrachten. Der Weg zur Kapelle, den er jeden Nachmittag ging, um mit ihm zu reden ...

Sebastian war fort. Pergot hätte sich vor eine leere Nische setzen können.

Er entschied, einen anderen Weg zu gehen, zur Stadtmitte, zum Brunnen. Wo er Lukas traf, einen Punk mit grünen Haaren. Hundehalsband, Patronengurt, schwarzer, langer Mantel, obwohl die Sonne schien, ein rotes Shirt mit Totenkopf, eine Hose mit grünen Karos, passend zu den Haaren.

Lukas stellte es später klar. Er sei keine Gruppe, sagte er, jedenfalls keine, die sicher sei. Und derzeit sei er eher Gothic als Punk, das auch.

Es ging schnell.

Pergot hatte sich auf eine Bank gesetzt, mit Blick auf den Brunnen. Lukas sah ihn, kam näher, fragte, ob Pergot etwas Kleingeld habe? Pergot schüttelte den Kopf. Also wurde er gefragt, ob er eine Zigarette habe? Pergot nickte. Seit Tagen mühte er sich, weniger zu rauchen, ohne Erfolg. Es kam auf eine Zigarette nicht an. Er zückte die Schachtel, Lukas dankte, setzte sich neben ihn.

»Dann rauchen wir zusammen«, sagte er.

»Ich möchte nicht«, sagte Pergot, »rauch du für mich.«

»Einverstanden.«

Vorerst folgten keine weiteren Worte. Sie schwiegen. Lukas rauchte, Pergot zählte die Welten, die ihn und den Jungen trennten. Mit dem Schweigen wurde es eine weniger. Schließlich stand der Junge auf, ging artig zu einem Abfallkorb, drückte die Zigarette aus, kam zurück, setzte sich wieder.

»Und?«, fragte er: »Wie war dein Tag?«

Pergot überlegte. »War da ein Tag?«

»Ich heiße Lukas«, sagte der Junge. Er streckte Pergot die Hand entgegen. Pergot sah die Hand an, dann nahm er sie.

»Hallo.«

Er überlegte, welchen Namen er nennen wollte? Den Nachnamen? Oder ebenfalls seinen Vornamen, doch besser mit einem ›Onkel‹ davor?

»Wagfried«, sagte Pergot. Es hörte sich jung an, also nicht richtig. Zu vertraut, zu nah …

Pergot hatte den Namen nie gemocht. Eine Idee der Mutter.

»Sie sind irgendwie traurig, oder?«, vermutete Lukas. Eben noch hatte er Pergot geduzt, nun wählte er das ›Sie‹, trotz des Vornamens, den Pergot genannt hatte.

»Wie kommst Du darauf?«

Pergot entschied, sein Schweigen loszulassen. »Ein guter Freund«, sagte er, »er ist im Krankenhaus, sozusagen.« Er zögerte, dann setzte er nach: »Er bekommt eine neue Nase.«

Lukas zog die Stirn kraus. »Eine Schönheits-OP?«, fragte er. Pergot nickte. »Völlig unnötig, es ist ein Vergehen an seinem Alter, seiner Zeit.«

»Hä?«

Nun lachte Pergot. »Er heißt Sebastian, und er ist ein Heiliger.«

»Und er bekommt eine Schönheits-OP?«

Pergot zeigte Ärger. »Ja, weil sie es nicht verstehen. Er ist wunderschön, auch ohne Nase, aber …« Er unterbrach, dann sagte er: »Es hört nicht auf, dass sie ihn quälen.«

»Puh«, machte Lukas.

»Kennst du seine Geschichte? Der heilige Sebastian … Es gibt kaum Statuen, meistens sind es Bilder.

»Du bist katholisch?«, vermutete Lukas.

Pergot überlegte. »Kaum«, sagte er dann. Er sah zu dem Jungen. »Jetzt denkst du sicher, ich bin verrückt.«

»Ja. Endlich mal einer.«

Sie schwiegen, erneut. Sie sahen den Leuten zu. Die Stadt war heller geworden, die Sonne hatte entschieden, zumindest ein wenig zu arbeiten. Immerhin war demnächst Sommer.

»Und du?«, fragte Pergot, »Was macht dein Leben?«

Lukas antwortete nicht gleich. Dann entschied er, grundsätzlicher zu sein. Für den Preis der Zeit, die es braucht, wenn Geschichten weiter ausholen.

»Okay«, sagte er, »wozu sind alte Leute da.«

Pergot lächelte, mit Fragezeichen. »Zum Zuhören?«

Lukas erzählte.

Er hatte Angst bekommen, nach seinem Schulabschluss. Ein schlechter Abschluss, er hatte nur das Notwendigste mitgespielt. Und dann sei er explodiert. Er habe gefühlt, dass das Leben vorbei sei, nun das der anderen drohe. Und so leben wie sie, das wollte er nicht.

»Du musst dich entscheiden«, erklärte er, »oder du wirst einer, der immer Angst hat, immer richtig sein will, immer demnächst leben wird, demnächst, wenn das Geld für die Scheiß-Versicherungen reicht. Oder du wirst gleich ein Pisser, der sich solange erzählt, dass er alles richtig macht und die anderen selbst schuld haben, bis er es glaubt.«

»Glück ist schwierig«, sagte Pergot. Und Lukas nickte. Dann lachte er und meinte:»Aber man kann es haben.«

Irgendwann brauchte es neue Zigaretten. Und Pergot wollte etwas essen. Wie würde es aussehen? Wenn er jetzt mit dem Jungen in das Stadthaus ging? Oder zum Bären? Die Gedanken der anderen ...

Besser ein Restaurant, wo man ihn nicht kannte? Oder ein Imbiss ...

Er fragte Lukas:»Hast du Hunger?«

»Immer.«

Sie erhoben sich von der Bank, es war wieder kälter geworden, aber sie besaßen beide Mäntel.

»Wohin?«

»Egal.«

Sie gingen langsam, einverständig langsam. Lukas sagte, dass er nun älter geworden sei, weil er Pergot kennengelernt habe. Also könne er langsamer gehen, gewöhnlich sei er schneller. Und Pergot überlegte, ob er jünger geworden sei? Und wenn, ob er es zulassen könne?

Dann drehten sie.»Zeigst du mir, wo Sebastian gestanden hat?«, hatte Lukas gefragt.»Wenn du keine Angst hast«, hatte er noch gesagt,»immerhin kennen wir uns nicht.«

»Wir kennen uns nicht«, wiederholte Pergot, als habe der Junge ein Geheimnis entblößt.

Lukas nickte fröhlich.»Das dauert Jahre«, meinte er.

Auf dem Weg zur Kapelle erklärte Pergot, dass Sebastian früher Soldat gewesen sei und dann zum Märtyrer wurde. Und dass er einen Schlüssel zur Kapelle besitze, um Sebastian besuchen zu können. Das Geschenk des Priesters, der für die Kapelle zuständig sei.»Er hat auch erst gedacht, dass ich ein Spinner bin«, erzählte Pergot, »wahrscheinlich denkt er es noch immer.«

»Auf jeden Fall ist er nicht blöde«, bemerkte Lukas,»er hat kapiert, dass es wichtig für dich ist.«

»Na ja«, sagte Pergot.

Er sprach nicht aus, was er noch hätte erzählen können. Dass Desmond, der Priester, ihn für pervers gehalten habe. Er hatte es gesagt, einen Tag, bevor er Pergot den Schlüssel gab. Mit Vorsicht in der Stimme, eine Vermutung, geäußert mit dem Willen zum Verständnis, zur Hilfe, wenn sie willkommen ist.

»Nein«, hatte Pergot geantwortet, mit großer Entschiedenheit.

Es wurde ein gutes Gespräch. Auch Desmond begann von sich zu erzählen. Nur Wenigstes, aber es half. Und Pergot erklärte, dass er nicht wolle, dass Sebastian leide. Später sagte er noch, dass es nicht helfen würde, wenn er ihm die Pfeile aus dem Körper ziehe, sonst hätte er es längst getan.

»Sebastian versteht mich«, sagte Pergot.

Desmond gab ihm den Schlüssel, am nächsten Tag. Einen Schlüssel für den Seiteneingang.»Es wird überlegt, die Kapelle zu schließen. Es kommt ja auch kaum jemand.«

Pergot versprach auf Sebastian zu achten. Desmond nickte, meinte: »Das ist gut. Dann ist er nicht so allein.«

Die Frage kam im Imbiss. Lukas war kurz wieder jung, schlang sein Essen herunter. »Du lebst allein, du hast einen Heiligen als Freund, also bist du schwul?«

Pergot zögerte, dann sagte er: »Bei Gelegenheit.«

Es genügte. Lukas erzählte: »Ich will Familie haben, irgendwann. Aber wer weiß. Erst mal muss ich frei sein, auch wenn das manchmal beschissen ist, erst mal brauch ich das.«

Es war nicht mehr weit zur Kapelle. »Und Sebastian ist deine Liebe?«, fragte Lukas, als sie vor der Tür standen. Pergot schüttelte den Kopf. »Das geht nicht mit Statuen«, sagte er, »und ich weiß auch gar nicht, ob ich lieben kann.«

»Warum?«

»Das ist wie mit einem Gespräch. Das geht nicht allein.«

Die Kapelle war geöffnet, es war Donnerstag. Sie nahmen den Vordereingang, traten ein. Sebastian war nicht da. Niemand war da. Pergot führte Lukas zur Nische.

»Hier also stand er«, sagte Lukas. Dann fragte er: »Soll ich?«

»Was?«

»Er fehlt dir. Also bin ich heute Sebastian. Ich stelle mich in die Nische und du redest mit mir. Wie du sonst mit ihm redest.«

Pergot lachte: »Der heilige Lukas?«

»Ja.«

Lukas zog seinen Mantel aus, stellte sich in die Nische. »Da bin ich.« Er breitete die Arme aus, machte ein Gesicht, das wohl seiner Vorstellung von Heiligkeit entsprach.

»Nun sprich.«

»Fein«, murmelte Pergot, »ein Schutzpatron mit grünen Haaren.«

Lukas gab seine Haltung nicht auf. Er zuckte die Schultern, mit ausgebreiteten Armen. Es sah lustig aus. »Wenn man Märtyrer ist«, sagte er, »ist die Farbe der Haare egal.«

Pergot war nicht überzeugt. »Und mit Patronengurt und – na ja, das könnte passen – mit Halsband.« Er dachte an Desmond. »Für manche Leute ist Sebastian der Schutzheilige der Masochisten, aber ich glaube, es würde ihm nicht gefallen.«

Lukas zog sein Hemd aus. »So viel ich weiß, hat er nicht viel an, oder?«

»Was machst du?«

»Hast du Angst, dass jemand kommt?« Er stieg aus der Hose.

»Gewöhnlich kommt niemand.«

»Dann ist doch alles gut.«

Pergot sah aus dem Fenster. Er sah keine grünen Haare. Doch was hatte er erwartet? Lukas hatte bei ihm gewohnt, einige Tage. Pergot erinnerte seine Begeisterung, als er die Badewanne sah.

»Ich bade, du bringst Kaffee und als Gegenleistung darfst du gucken.« Es klang keine Anspielung in seinen Worten, sie waren einzig fröhlich, unbekümmert.

Tagsüber war Lukas in die Stadt gegangen, um zu ›arbeiten‹. So nannte er es. Er schnorrte, brachte Essen mit, Zigaretten, wenn er zum Abend klingelte. Am zweiten Tag hatte er seinen Rucksack dabei. Um Wäsche zu waschen. Und weil es Unsinn sei, ein Schließfach zu bezahlen, wenn es eine Wohnung gibt.

»Für eine Zeit«, hatte er gesagt, »ist es okay?«

Pergot hatte genickt.

In der Kapelle hatte er mit Lukas gesprochen. Mit einem Lukas, der nur noch eine Unterhose trug – gewöhnlich kam niemand, außer Desmond, doch der kam später, um die Kapelle wieder zuzuschließen …

Angst ist seltsam. Angst macht jung, nicht jede Angst, eine bestimmte Sorte, die, die mit Regeln spielt.

Vielleicht wäre es möglich gewesen, es Desmond zu erklären …

Wahrscheinlich nicht.

Ein halbnackter Heiliger aus Fleisch und Blut, es regt die Fantasie an. Gegen Fantasie sind Erklärungen oft hilflos.

Der heilige Lukas, ein Märtyrer mit grünen Haaren.

Lukas wies darauf hin, dass er oft geschlagen wurde, als er noch jünger war. Weil er sonderbar war, also wurde ›Haut den Lukas‹ mit ihm gespielt.

»Wenn dir das hilft«, sagte er, »ich hab meinen Anteil abgekriegt.«

Dann fragte er nach der Haltung Sebastians, gab nicht nach, bis Pergot sie beschrieb. Er baute sie nach, Lukas wurde zu Sebastian. Ohne den Pfahl, an den Sebastian gebunden war, und ohne Pfeile im Leib, aber sicher in der Seele, dort gut weggesteckt.

Der Junge erstarrte in der Haltung des Ertragens und schwieg.

Und Pergot erzählte, erst zögernd, dann sicherer. Er vergaß seine Angst, nicht vollständig, doch es gelang, sie weiter hinten warten zu lassen – mochte sie hervorspringen, wenn sie gebraucht wurde, wenn jemand kam …

Er ließ es zu, dass er redete, so wie mit Sebastian.

Gedanken des Vormittags, als er noch meinte, dass es diesen Tag nicht möglich sei, sie zu berichten. Dann die Einfälle, die sich dahinter fügten, mal Belangloses, mal Seltsames. Er sprach von seiner Traurigkeit, seiner Sehnsucht, für die es zu spät sei, und von seinem Wunsch, noch einmal eine Reise zu unternehmen, am liebsten eine Schiffsreise, über den Nil …

Die Frage Pergots, auf die Lukas seine Starre aufgab – sie fügte sich in Pergots Worte, verlangte keinen besonderen Platz, keine größere Bedeutung als die Worte zuvor. Doch sie war nur konsequent, durfte nicht fehlen. Pergot hatte es Sebastian mehr als einmal gefragt: »Würdest du mit mir schlafen?«

Lukas gab es auf, ein Heiliger zu sein. Er antwortete, dass er hetero sei, leider.

Zur Nacht lagen sie in einem Bett. Lukas war etwas älter geworden, Pergot etwas jünger. Und Pergot sagte:

»Jetzt schläfst du doch mit mir.«

»Das meintest du?«

»Ja. Nicht mehr.«

Sie schwiegen. Dann sagte Pergot: »Ich mache die Augen zu und ich bin nicht allein. Ich verschwinde, bin nicht mehr bei mir, aber ...«

»Du bist nicht allein?«, vermutete Lukas.

Es war der Tag, an dem Sebastian wieder da sein sollte. Mit neuer Nase, und auch sonst – restauriert. Am Abend zuvor hatte Lukas nicht geklingelt. Er war nicht gekommen. Er war wieder unterwegs. An diesem Morgen erwachte Pergot und er war allein.

»Es ist der Mond«, hatte Lukas gesagt, »er macht mich verrückt. Wenn Vollmond ist, werde ich irgendwie anders. Dann will ich alles hinter mir lassen, nur nach vorne, dann will ich nichts mehr kennen.«

Die Nacht hatte Pergot unruhig geschlafen. Ohne Lukas, aber es mochte sein, dass er noch klingelte, später als sonst, es mochte etwas passiert sein ...

Es war Vollmond.

»Was ist eigentlich ein Heiliger?«, hatte Lukas gefragt, am ersten Tag ihrer Begegnung, am Abend. Er fragte es in der Badewanne. Pergot hatte Kaffee gebracht, sich auf die Toilette gehockt. Er antwortete, dass ein Heiliger ein Besonderer sei – es sei die Übersetzung des Wortes ›heilig‹, wobei ›heil‹ auch ›ganz‹ bedeute.

»Also jemand mit Nase«, hatte Lukas gefolgert. Dann meinte er noch, dass alle Menschen besonders seien, eigentlich. Nur die meisten würden sich nicht trauen, und dann seien sie gewöhnlich.

Pergot verbot sich, nach Lukas zu suchen. Er hatte es nicht mitbekommen, als Lukas ging. Später bemerkte er, dass der Rucksack fehlte.

Er zwang sich es anzuerkennen. Er wachte auf, nach der Nacht ohne Lukas, und ging nicht zum Brunnen. Es war nicht einfach, aber es gelang. Stattdessen ging er den anderen Weg, zur Kapelle, etwas früher als sonst. Er schloss sie auf, und Sebastian war wieder da. Er stand in seiner Nische, mit Nase.

Er war jünger geworden, nicht auf die gute Art.

»Ich weiß nicht«, sagte Pergot, »ob es wieder werden kann wie früher. Aber ich danke dir.«

Er überlegte, ob er von Lukas erzählen sollte. Und ob nicht Sebastian bereits alles wusste. Ob er für eine Zeit Lukas geheißen habe, ein unsinniger Gedanke, aber ...

»Wenn du in der heutigen Zeit leben würdest«, fragte Pergot, »würdest du dir die Haare färben?«

Er wartete auf die Antwort. Sebastian schwieg.

»Zum Beispiel grün«, sagte Pergot.

ES FRIERT

Es friert

Nicht draußen. Drinnen

Die Hände der Zeit würgen
Die Zärtlichkeit

Tut mir leid

Fremdes, gelocktes Gesicht

Ich weiß deine
Krankheitsgeschichte nicht

Liebe zwischen unbekannt
Körper neben Körper

Komm, wir halten einander warm

Ohne falsche Scheu
Einander die Nacht zweisamer machen

Man ist ja inzwischen soweit

Man war. Man war

Kaum geht die eine Angst verloren
Wird eine neue Angst geboren

Der Winter wird kalt in diesem Jahr

ZWEIFELSLIED

Standhaft stolz
und vorwärts weit
auf begrenzten Wegen

Dann
muss der Mensch
sich mit der Zeit
zum Traume widerlegen

ICH SUCHE EIN NEUES GESICHT

← 43

Jetzt bin ich wieder am Anfang
Ich suche ein neues Gesicht
Das, das ich hatte und liebte
Hatte und liebte mich nicht

Es hatte und liebte ein andres
Oder hatte und liebte noch keins
Es sah an meinem vorüber
Es hatte und liebte nicht meins

Einmal werde ich sterben
Kurz vor meiner Vision
Und was ich dann erkenne
Das kenne ich alles schon

Dann bin ich wieder am Anfang
Ich suche ein neues Gesicht
Das, das ich hatte und liebte
Hatte und liebte mich nicht

MEIN KIND

Da mach ich mir was draus

Ich lege meine Hoffnung rein

Davon habe ich genug

E   R
W A C H
E   N

Die wiedereingesetzte Erinnerung

ein großer Raum
in dem ich zögernd Gestalt annehme
und begreife mein Vorhandensein

Kälte

die mich fortgespült hat
bis ich das Brennen nicht mehr fühlte
kehrt zurück

Noch immer ganz aus Eis
beginne ich Fragen zu entwerfen
erinnere mich an Felder
an Messer

Ich habe mich verändert

A   N   A   Nach dem Schneiden kam die Hitze
nach der Hitze das Eis

G R A M M   Ich bin ein Möhreneintopf
Ich bin aufgetaut

Am Anfang war das Wort
Sag, wann war Adam fort

W   O   W   O

E T I S C H E S

M   A   N   I

F   E   S   T

Wir glauben,
dass wir mit dem Älterwerden
klüger werden.
Das ist ein Irrtum.
Älterwerden
bedeutet nicht,
dass wir klüger werden.
Es bedeutet,
dass wir zu uns finden.
Das schließt ein Dümmerwerden nicht aus.

← 45

WAS
WWA
WSO
SEO
OI

46 →

WoWo lautet das Spiel mit den Formen von Sprache, nicht frei vom inhaltlichen Traum, doch immer im Dialog mit der Frage nach ihrer Gestalt.

Als sei das Wort ein Seelenwesen, zu Sehnsucht fähig, sucht WoWo es aus seinen Bindungen zu befreien, verführt es zu anderer, neuer Gewohnheit.

Wobei es die unartig mit dem Wort agierenden Formen sind, das Spiel mit wegfallenden Buchstaben und Silben, mit Mehrdeutigkeit, grammatischer Perspektive, Unrechtschreibung und eigenwilliger Tonung, die auffallen.

Doch sie sind nicht mehr als Ausnahmen, die von der Regel erzählen. Bekannteste Formen vermögen WoWo zu sein, wie die Narretei der Dichtkunst, inhaltliche Aussagen in Reime zu zwingen. Worte schließen Bekanntschaft, nicht auf Grund eines Aussagezweckes, sondern auf Grund ihrer Klanggestalt.

Der Antrieb ist der Eros von Sprache. Geht es um Worte, dann um ihr Begreifen. Das Gefallen am Körper des Gegenüber, seinem Auftreten, nicht zuletzt seiner Unbekanntheit, ist der Beginn einer Geschichte, die zu immer neuen Ausgängen führt. Hier finden die Grenzgänge WoWos statt, brechen die Bestimmungen der Worte auf, erhalten sie Leben, Anbruch und Tragik.

Und alles Ersehnte könnte Wirklichkeit sein. Wo bestehende Ordnungen ihre Vorteile definiert haben und Bindungen Ruhe schaffen, beginnt WoWo die Verführung des Redens. WoWo lockt die Promiskuität von Sprache, ihr fremdgängerischer Spaß, all ihr Verheimlichtes und Verblößtes. Es vergeht sich aus Freude am Möglichen, verhält sich wider den bürgerlichen Zwang, mit jeder Sinnfindung das eigene Ideal erfüllen zu müssen.

Die Begegnung mit dem Wort ist dabei nicht frei von seiner Historie, seinen Erfahrungen. WoWo fragt nach seiner Zugehörigkeit, übt sich in Tradition, voller Neugier - einem Kind gleich, das so viel zu lernen hat, davon andere wissen, dass es gut und richtig sei. Zugleich aber sehnt es, jede Einseitigkeit zu entmachten, jede Anschauung von Zweck und Vergangenheit, die das Wort an seiner Vielseitigkeit und erzählerischen Weite hindert.

»Fragen stellen wie Hirsche - mit dem Ziel, das Opfer leben zu lassen ...«

So ist WoWo Aufhören ein Zeichen besonderer Konzentration und Zugewandtheit, es begreift sich modern und erinnert im Wort das Faulen. Das Zulassen einer Öffnung vermag zu bedeuten, dass sie verschlossen wird, aber auch, dass sie geöffnet bleibt. Jede Aufgabe ist WoWo Pflicht und Resignation zugleich, alles Begreifen muss vorerst loslassen, was es dafür hält. Damit die Hand frei ist, das Wort sich nicht als Faust dem Nächsten nähert.

Was aller guten Absicht zum Trotz, unerzogen ist, nicht selten widerspricht einer in Moralen verhafteten Intelligenz suspekt sein muss. Ob lauterer Spaß an der Hülse, der Wunsch, grammatischer Bewahrung ein paar neue Regeln zu schenken oder kreuzfidel ein Weisheitsgebilde:

Die Höflichkeit, dass etwas anders sein könnte, wirft die Etikette des Sagens um. ▄

T E R
M   I
N   48 ↦   O
L   O
G   I   E

WoWo	die Frage auf die Antwort des DaDa
WoWoet	Schöpferperson des WoWo, abzuleiten von Poet
WoWoetik	immer ohne h, wie Genetik
WoWoist	personale Seinsform des WoWo, der oder die WoWo ist
WoWoistin	WoWo modern, WoWo ist >in<
WoWoismus	Lehre des WoWo, ein Realantagonismus
Wow O!	Art des Comic, auch: Ausruf der Begeisterung
OmOm	proligiöser Zweig des WoWo, WoWo meditativ

AUFGESPART

Aufgespart für nächste Tage
Darum heute so allein

Wer sich aufhebt - ohne Frage
Der muss hingefallen sein

STILLE KERZEN

In meinen Herzen
Leuchten stille Kerzen

Und bläst du sie aus mir
Kauf ich mir ein Haustier

WUNSCH

Nun erfüll ich mir zur Nacht
Und sie hat es auch gemacht
Einen Wunsch

So sprach die Abendfee

Nippte, weil sie bös verschleimt
An dem, was sich dazu reimt

DAS
BAU
GER
ÜST

Es war einmal ein Baugerüst
Das hatt' noch nie 'ne Frau geküsst
Es fühlte ja mit allen Stangen
Mit allen Planken ein Verlangen

Die Lippen einer holden Maid
Der Ausdruck feuchter Zärtlichkeit
Vielleicht - von Leidenschaft gepackt
Die Zunge drin noch im Kontakt

Und angeschmiegt dann, stundenlange
Eins mit ihr, so Stange an Wange
Bei Mondenschein, die Nacht ist lau
Nur das Gerüst und sie - die Frau ...

Auch meinte ja das Baugerüst
Dass es an sich verzaubert ist
Mit Stangen, Planken und mit Leiter
Kein Prinz zwar, doch -

Ein Bauarbeiter!

Die Sorte, die zum Träumen reicht
Der Körper stark, das Herz ist leicht
Vom Sonnenkuss gebräunt die Haut
Und wenn er seine Häuser baut

Er denkt an sie, er ist verliebt
Wobei er seine Karre schiebt
Er pfeift ein fröhlich Lied, indessen
Steht sie daheim und kocht das Essen

Nun was and'res

Esther
Die auf einem Fest war
Und's dem Alkohol verdankte
Dass sie recht erheblich schwankte

Suchte Halt, den sie auch fand
Weil das Baugerüst da stand
Wo sie grad ihr Gleichgewicht
Verlor - na ja, so fiel sie nicht

Hing nun, wie 'ne Dschungelschlange
Rumgerutscht so um die Stange
Die ganz aufgeregt - und dann
Kam der Mund auch näher ran ...

Eine Fahne!

Wie ein Laden Terpentin
Mit etwas Himbeer da mit drin
Atem weht likördurchsetzt
Dass es dir die Stang' wegätzt

Und es geschah - Esther, die
Verliebt in von der Drogerie
Den Rolf, der endlich ihr erzählt
Dass er mit Anna sich vermählt

Mit Anna! Ach, der Liebe Qual
Da betrinkt man sich auch mal ...
Und die Sehnsucht, nun sie küsst
Was grad da ist - das Gerüst

Es war ein Alp

Des Weibes Kuss
Serviert getunkt in Spiritus
Erst hat es laut und schlimm geschmatzt
Dann ist die Farbe abgeplatzt

Ein Scharnier ist ausgerastet
Weil noch nie derart belastet
Das Baugerüst, es dacht' nur: Nein!

Es setzte eine Wandlung ein

Das Gerüst begann zu schwanken
Verlor den Halt bald seiner Planken
Die Stangen wurden schwach, die Leiter ...

Nein!
Nicht jetzt!
ICH BIN KEIN BAUARBEITER!

Schrie das Gerüst und kämpfte böse
Dass der Kuss es nicht erlöse
Gegen die Verwandlung an

Klammerte sich an den Bann
Den Fluch zu sein, was es ist
Ein stabiles Baugerüst
Das hält! Und ...

KRAWUMM!

Das war Esther

Sie kippte um
Verlor den Stangenhalt - da lag
Ein Sack Zement vom Donnerstag

Und den, den traf der Zauber nun
Er konnte nix dagegen tun
Er hatte nie geträumt, er sei
Ein Mensch, ein Prinz

Na ja - vorbei ...

Die schöne Zeit als Sack Zement
Raus kam so'n Kleiner, korpulent
Mit Gemüt. Sicherlich
Ne große Schönheit war er nicht

Am nächsten Morgen ...
Mit Kopfschmerz - egal
Ne Aspirin, und dann erst mal
Gespräche. Weil man sich nicht kennt

Wer bist du?
Ich ...? Ein Sack Zement

Nun, so war's

Was man
Durchaus als Gleichnis sehen kann

Der Rausch der Nacht hält oft verborgen
Was dann bei klarer Sicht am Morgen
Nicht mehr so sehr nach Glück ausschaut

Drum sagt man auch: Der Morgen graut

Oder: Es dämmert, was im Dunkel lag
Der Sehnsucht folgt der triste Tag
Ich denke, dass das jeder kennt

Du erwachst ...
Da liegt ein Sack Zement

Und dass man so schlechte Träume hatte
Nanu ... Kenn ich doch ...?

Mein Gatte!

Und unser Baugerüst
Das noch immer verzaubert ist

An sich ein Bauarbeiter, der
Gern einer Frau zu eigen wär'
Eine, die nicht trinkt - mehr nicht

Egal, ob klein, ob füllig - kein Gesicht ...
Die, die küsst, die wird geliebt

Und ...

Wenn er seine Karre schiebt
Ein Bild von einem Mann, treu auch
Stark

Melonenhintern, Waschbrettbauch
Sonnengebräunt ...

Und dann packt er
Mit Kraft und Charakter
Die Schaufel ...

Na ja. Das Baugerüst
Es steht noch da. Ungeküsst
Nicht weit von hier ...

Noch wenige Tage
Dann - dann steht es in Braunlage

Noch gäbe es die Gelegenheit
Meine Damen ...

Man sagt
Mitternacht sei eine gute Zeit
Um ein Baugerüst zu küssen

Wie heißt es so schön?
Man kann nie wissen

FRÜHLING

← 53

(2)

Welt erwacht im Frühlingsglück
Von Süden kommt der Storch zurück
Die Mädchen hüpfen kurzberockt
Dass es die Alten ziemlich schockt

Frühling lockt zum Bändertanz
Zum Flirte und zum Fortgepflanz'
Es knospet an den Bäumen so
Und auch der Jüngling pickelt froh

Holde Zeit der Allergien
Da Mensch die Widerstände flieh'n
Alles blüht mit neuer Kraft

Das ist des Frühlings Leidenschaft
Ist des Lenzens lock'rer Sinn
Das Herz ist leicht, die Haut ist hin

FRÜHLING

(1 7)

Frühling heißt das Zauberwort
Sonne schmeißt sich auf die Dächer
Alles Eis, es schwindet fort
Kugelt sich im Schokobecher

Krokos schießt, der Himmel glänzt
Hoffnung singt ihr Liedlein froh
Wolken fluten, alles lenzt
Und ich lenze ebenso!

Sind vorbei, die dunklen Tage
Reimlos trüber Winterqual
Früh weckt mich des Lichtes Strahl

Dass ich wieder Leben wage
Reißt's mich aus dem Federbett
Welt, erklinge – sei Sonett

DER FRÜHLING

Wer ist das? Der da mitten
Am Tag kommt angeritten?
Im weißen Gewande – einen Kranz
Aus Blüten in seinem Haar

Es leuchtet ein holder Glanz
Vom Jüngling so wunderbar
Mutter! Wer ist der Fremde dort?
Jetzt reitet er wieder fort

Über die Lande, mit wildem Lachen
Er wecket mit Lust alles Tote
Das Gras, der Busch – sie erwachen
Mutter, Mutter! Wer ist der Bote?

Ach, mein liebes, zartes Kind
Ich glaube, daß das Träume sind
Mutter, nein! Ich kann ihn doch schauen
Er schmücket die Felder, die Auen

Ruft der Sonne Licht herbei
Mein Kind, das ist nur Träumerei
Sei still und spiel auf der Veranda
Da ist bestimmt kein fremder Mann da

Mutter, Mutter – schreit das Kind
Wer reitet da durch Tag und Wind?
Dringt mir auf ferne Weise nah
Mutter, mir wird so sonderbar

Er heftet das Laub, heftet die Blätter
An Baum und Strauch und auch das Wetter
Ändert sich – es wird so mild
Mir auch ... Und doch, so seltsam wild

Mir wird so heiß, so hitzig
Mein Kind, ich find das nicht mehr witzig
Was du siehst, das gibt es nicht
Mutter, Mutter! Jetzt greift er mich!

Geh in den Schatten, geh in die Kühle
Was du hast, sind Frühlingsgefühle
Mutter, jetzt schälet mich der Fremde
Ein warmer Wind geht mir ins Hemde

Er reißt das Leinen auf mit Lust
Fort damit und nackt die Brust
Der Sonne Strahlen befingern mich
Schon gut, mein Kind, beruhige dich

Mutter, Mutter! Der Fremde löst
Den Gürtel mir – ich bin entblößt
An die Hand genommen, wehe!
Er will, dass ich mit ihm gehe

Ich bin so wirr, ach, Mutter, bin
Der lauen Lüfte Beutetier
Geb mich der Sonne Küssen hin
Mutter, hilf! Was tut er mir?

Es schlägt mein Herz im wilden Takt
Es glänzt mein Aug' im Fieberwahn
Es sind mir Leib und Sinne nackt
Dem holden Jüngling zugetan

Was geschieht? Mutter, nein
Der Frühling dringet in mich ein
Mein Kind, die Art, in der du bangst
Die macht mir langsam wirklich Angst

Mutter, Mutter! Nein ... Ein Schrei!
Die Mutter rafft die Schürze, rennt
Zum Kinde – eilt herbei
Doch zu spät, es lodert, brennt

In des Frühjahrs Feuermacht
Vor dem Hause still das Kind
Von der Sonne Strahl entfacht
Und des Lenzens stürm'gen Wind

Und am Horizont verzieht sich
Fern ein Jüngling, der es war
Grüßet noch: Adieu – man sieht sich
Hä hä hä – der Lenz war da!

Mutter, Mutter! Halt mich feste
Alles ist so zauberlich
Komm, mein Kind, ich denk, das Beste
Ist: Erstmal erholst du dich

Mutter, Mutter – kommt er wieder?
Ja, mein Kind, kommt jedes Jahr
Leise senkt das Kind die Lider
Flüstert zart: Wie wunderbar!

DAS NEUE JAHR KLOPFT AN DIE PFORTEN

56 →

WERFT
TORTEN!

NEU
JAHRS
WUN
SCH

Dass es Glück und Freude bringt
Dass das Neue Jahr gelingt
Alles besser wird und fein

Schlimmes soll vergessen sein
Ist vorbei – das war´s!
Darauf hebe ich das Glas

Wünsche frohen Mutes
Nur das Beste, lauter Gutes
Auch Gesundheit – überhaupt

Einem jeden, der das glaubt
Dass ein Datum das vermag
Allen andern: Guten Tag!

ZUM
GEBURTSTAG

DEM
MÄNNLICHEN
KIND

58 ↦

Ein junger Mann, der 17 Jahr
Und ohne Fehl und Tadel war
Der wurde 18 – eines Tags
Man hat vermutet: Am Alter lag's

Und als er 19, war es klar
Dass das Problem das Alter war
Er sprach:

»Gefahr erkannt, Gefahr gebannt!«
Und nahm die Sache in die Hand:
»Zum nächsten Jahr, da krieg' ich's hin
Dass ich dann nicht mehr älter bin!«

Es gab Probleme, war nicht leicht
Fast hätt' sein Ziel er schon erreicht
Da wurd' er 20 – doch gab nicht auf!

»Ich geb' noch ein paar Tage drauf«
So sprach er: »Und dann krieg' ich's hin
Dass ich nicht mehr älter bin«

Und wurd' gelobt: ist nicht verkehrt
Dass Mensch 'nen Aufschub sich gewährt
Wenn ein Problem von größ'rer Art

Die Zeit verging ... Plötzlich naht
Wir ahnen's schon ... 21 ...

Er sprach:
»Es wird die frische Butter ranzig
Die Blume welkt – wo ist der Sinn?
Ich geh auf 22 hin!«

Da kam ein alter Mann vorbei
Und grinste froh – war 103!

Er sprach: »Das ist des Lebens Lauf
Ach, guter Mann, gib besser auf
Den Kampf der Zeit gewinnst du nicht«

Und die Moral von der Geschicht'?

Mit XX* erst – so spät!
Wusst' unser Jüngling, wie es geht

***PS: Man setze die Jahreszahl des
Geburtstagskindes ein**

Er sprach:
Die Hände hoch

Gern mit Glas

Der Zeit ergeben
Und angestoßen – es rauscht das Leben

Von Tag zu Tag, von Jahr zu Jahr
Was ist, was wird – und was war ...
Es gibt kein Halten, kein Zurück
Gibt einzig nur der Tage Glück

XX* ... Ja (hr)

Wie klug doch so ein Kalender ist!
Und besser, dass du klüger bist
Das wahre Alter, ihr lieben Leut'
Ist ungezählt doch einzig heut

**Kann hier zugefügt werden,
bei Gefallen und Statur:**

Heute! – so hat es angefangen
Ist Tag nach Tag mir heut vergangen
Die Jahre all – wie weggefegt
Der Bauch der Zeit hat zugelegt

Ist gut genährt, der Zeiten Fraß
Er sei gefeiert!

Zufügung Ende

Drum hoch das Glas
Und froh gesagt
Jedem, der ums Alter klagt
Sich schwer mit seinen Jahren tut

Der Wein der Zeit
Er wird im Alter erst richtig gut

ZUM

GEBURTSTAG

DES WEIBLICHEN KINDMND

60 ⊢→

Ein Mädel lieb, das 17 Jahr
Und ohne Fehl und Tadel war
Das wurde 18 – eines Tags
Man hat vermutet: Am Alter lag's

Und als sie 19, war es klar
Dass das Problem das Alter war
Sie sprach:

»Gefahr erkannt, Gefahr gebannt!«
Und nahm die Sache in die Hand:
»Zum nächsten Jahr, da krieg' ich's hin
Dass ich dann nicht mehr älter bin!«

Es gab Probleme, war nicht leicht
Fast hätt' ihr Ziel sie schon erreicht
Da wurd' sie 20 – doch gab nicht auf!

»Ich geb' noch ein paar Tage drauf«
So sprach sie:»Und dann krieg' ich's hin
Dass ich nicht mehr älter bin«

Und wurd' gelobt: Ist nicht verkehrt
Dass Mensch 'nen Aufschub sich gewährt
Wenn ein Problem von größ'rer Art

Die Zeit verging ... Plötzlich naht
Wir ahnen's schon ... 21 ...

Sie sprach:
»Es wird die frische Butter ranzig
Die Blume welkt – wo ist der Sinn?
Ich geh auf 22 hin!«

Da kam ein altes Weib vorbei
Und grinste froh – war 103!

Es sprach:»Das ist des Lebens Lauf
Ach, Mädel fein, gib besser auf
Den Kampf der Zeit gewinnst du nicht«

Und die Moral von der Geschicht'?

Oder: Was der Zeiten Gift
betrifft

*** Auch hier: Man setze die Jahreszahl
des Geburtstagskindes ein**

Da ist es gut, sich zu ergeben
Die Hände hoch

Gern mit Glas

Es rauscht das Leben
Von Tag zu Tag, von Jahr zu Jahr
Wir rauschen mit – was wird, was war ...
Es gibt kein Halten, kein Zurück
Gibt einzig nur der Tage Glück

**Kann hier zugefügt werden,
muss aber nicht:**

Der Tage Jammer, ihr dummes Leid
Was soll uns denn die Ewigkeit?

Die Zeit verlangt den Preis der Tage
Drum fortgereist – und ohne Klage

Zufügung Ende

Was ist, was wird – und was war
Du bist ... Wie alt nun? XX* ... Ja (hr)

Wie klug doch so ein Kalender ist!
Und besser, dass du klüger bist
Das wahre Alter, ihr lieben Leut'
Ist ungezählt doch einzig heut

Der Rausch der Zeit
Er gleicht der Liebe

Wie schade, wenn sie stehen bliebe!

A C H T U N G
B A S T E L S A T Z !
VERGL. DIE PASSAGEN BEIM MÄNNLICHEN
UND WEIBLICHEN KIND UND BASTELE DIR
PER STREICHUNG ODER ERWEITERUNG DEIN
EIGENES, GANZ PERSÖNLICHES GEBURTS-
TAGSGEDICHT!

THEATERGESCHICHTEN:

Haben Sie schon einmal ein Gespräch geführt? Mit einem älteren Menschen?

Es ist etwas Wunderbares an der Mischung Alter und Mensch. Wenn sie mit dem Löffel der Zufriedenheit gerührt, nicht mit dem Quirl des Haders zubereitet wurde.

Es mag ein wenig kurz angebunden sein, doch das Wesen des Lobes verträgt sich nicht mit langen Reden. Sterben Menschen, mag diese Peinlichkeit angemessen sein. Eine eherne Hochzeit, das achtzig- oder gar neunzigjährige Bestehen eines Menschen und ähnliche Anlässe ebenso.

Sie sind selten – rar!

Menschen, die im Herzen und auf der Haut Reife und Alter tragen als ein Geschenk ohne Verpackung.

Gealtert.

Aber sie haben sich nicht mit Klugheiten, mit Sicherheiten, mit Erfolgen und anderen seltsamen Träumen gekleidet, sondern mit der Sichtbarkeit der Liebe und ihrer Verletzungen.

Nähe zum Tod bedeutet nicht Entfernung vom Leben.

Anders gesagt: Wer vermag es schon, ein Kind spielen zu lassen, während ein Lastwagen kommt?

In diesem Sinne wünsche ich Ihnen viel Vergnügen bei ...

D A S

G A

S T

M A

H L

63 →

HERR VANDERBERG-PFOGEL HAT EINE ÄLTERE DAME KENNENGELERNT.
SIE HAT IHN ZUM ESSEN EINGELADEN.

Er:	Ja. Sie war Köchin. Nicht beruflich, sondern aus Leidenschaft. Kochen konnte sie nicht. Ich habe immer gesagt, so aus Scherz, sie ist Gerichtsvollzieherin.
Sie:	LÄCHELT VERSTÄNDNISVOLL
Er:	Man hätte auch sagen können, sie ist Gerichtsvollstreckerin. Das hätte vielleicht sogar noch viel mehr gepasst. Weil – sie hat immer so viel Gewürz da reingetan, um den Geschmack wegzukriegen – und dann war da zu viel drin.
	Dann hat sie das Gericht, was sie gerade vollzogen hatte, mit Wasser gestreckt – sagt man ja so – und dann musste sie noch Fleisch nachkaufen und hat auch gleich ein paar Leute mehr eingeladen zu dem Gericht, damit das nicht schlecht wird. Aber schlecht war das schon.
	Das war sozusagen kein Gericht, das war ein Strafgericht.
	Aber sie selbst dagegen war nett. Wissen Sie, das wäre beinahe etwas geworden, damals mit der Frau Baumkrone und dann ich. Aber immer, wenn ich sie zum Essen einladen wollte, dann wollte sie selber kochen, ganz intim, zwei Personen bei Kerzenschein …
	Na ja, und dann hat sie wieder Fleisch nachkaufen müssen, das ganze Haus war voll. Sie hat immer neue Leute gefunden, die noch nicht bei ihr gegessen hatten – wer denkt das auch? So eine reizende Person und dann so was!
Sie:	LÄCHELT UND ISST WEITER
Er:	Sie war ja auch nicht unvermögend. Es gab Einige, die standen in der Schuld bei ihr. Sie mussten kommen. Wenn die nicht sozusagen zu dem Gerichtsvollzug bei ihr gekommen wären, dann wäre der Gerichtsvollzug zu ihnen gekommen.
	Das ist eine implizite Antalogie.
Sie:	LÄCHELT ERSTAUNT
	Eine was?

Er:	Eine implizite Antalogie. Von wegen das mit dem Gerichtsvollzug, diese doppelte Beides-Bedeutsamkeit.
	Ich lese ab und zu ein bisschen im Fremdwörterlexikon. Deswegen. Da findet man dann auch mal was und das möchte man dann anwenden. Damit man's wieder los ist, sozusagen.
Sie:	Analogie.
Er:	Was?
Sie:	Sie meinen sicherlich: Analogie.
	Eine Merkmalsähnlichkeit, oder auch: Eine übereinstimmende Beziehung zwischen Dingen, Vorstellungen, komplexen Systemen innerhalb eines oder mehrerer Teilbereiche – zum Beispiel: Pferd.
Er:	Pferd?
Sie:	Ja. Ich reise gern, aber nicht allein. Und voriges Jahr hat mich mein Neffe begleitet. Er schrieb gerade seine Examensarbeit. In Semiotik.
Er:	Semiotik?
Sie:	ROMANTISCH VERKLÄRT – ES WAR EIN SEHR SCHÖNER URLAUB
	Ja. In Portugal.
Er:	Ach so! Ja, natürlich. Semiotik. In Portugal.
Sie:	GÜTIG LÄCHELND
	Ja. Hochinteressant. Aber anders, als Sie es denken.
Er:	Ist doch immer anders. Das sieht auf dem Plakat immer ganz gut aus, aber wenn man selber hinkommt.
Sie:	MÖCHTE AUF DAS EIGENTLICHE ZU SPRECHEN KOMMEN
	Herr Vanderberg ...
Er:	Pfogel. Vanderberg-Pfogel, bitte. Das ist ein Doppelname. Das ist zwar unangenehm, wenn man mich immer so lange ansprechen muss, aber – ich bin so ein Mensch.
Sie:	Herr Vanderberg-Pfogel. Ich habe mich entschlossen aus dem Leben zu scheiden. Heute Abend.
Er:	Ja? Das hat mir auch bisher selten jemand gesagt.

Sie:	NICKT UND LÄCHELT
Er:	MERKT DIE BEDEUTUNG
	Frau Funa!
Sie:	Herr Vanderberg ...
Er:	ERGÄNZT
	Pfogel.
Sie:	Ich habe alles gehabt. Es gibt keinen Grund zur Klage, ich schaue zurück auf ein gutes, ein glückliches Leben. Ja ... Ich habe lange nachgedacht. Ich habe alles gehabt, nur – gestorben bin ich noch nicht.
Er:	Na ja. Eile mit Weile. Es gibt ein paar Dinge, da kommt man vorwärts gut voran, nur wenn man zurück will ...
Sie:	Zurück? Warum zurück?
Er:	Das kann ich mir jetzt auch nicht so aus dem Handgelenk schütteln.
Sie:	Ich möchte sterben, bevor ich gestorben werde. Ich möchte meinen Tod selber nehmen. Die Art des Todes, den Zeitpunkt ...
Er:	Das ist ja wie im Supermarkt.
Sie:	IMMER LÄCHELND
	Wie meinen Sie das?
Er:	Ja, von wegen Selbstbedienung.
Sie:	Was spricht dagegen?
	Es muss doch auch nicht ein Supermarkt sein. Es kann doch auch ein kleiner, gemütlicher Laden sein, wo ich mir meinen Tod selbst aus dem Regal hole. Weil ich darf. Weil ich Kunde bin. Nicht eine Fremde, sondern ...
	Ich kenne mich aus. Ich komme jeden Tag. Mal wollte ich Glück, mal wollte ich Liebe – und dieses Mal will ich Tod.
Er:	Das kann teuer werden.
Sie:	Teuer. Ein anderes Wort für ›lieb‹, ›wertvoll‹. Das kann ›lieb‹ werden.
Er:	Also, mir ist das unangenehm. Wie kann ich Sie abhalten, Frau Funa?

Ich meine, ich weiß, dass ich, wenn es darum geht, sozusagen wie der Dichter sagt, die Sprache als Schwert des Lebens einzusetzen, dann schneid ich mir eher selbst in die Zunge. Aber ...

Ich mach mir da vielleicht ein bisschen zu viel ... Dass ich mich in ihre Haut mische. Jeder muss sein Leben selber ... Aber ich bin auch nicht ein Mensch, der so einfach von wegen, das Essen war gut, es gab keinen Nachtisch, aber was will man erwarten – und dann scheide ich von Ihnen und Sie aus dem Leben.

Sie: Herr Vanderberg ...

Er: Pfogel. Obwohl – das ist ja jetzt auch egal.

Sie: Ich weiß nicht, wie ich Ihnen das erklären soll. Es ist, wie ich gesagt habe. Ich habe alles gehabt. Nur den Tod noch nicht.

Er: MURMELT, MEHR AUS VERLEGENHEIT

Kennen Sie Fischstäbchen?

WINKT AB

Ach. Frau Funa. Sie sind doch eine vermögende Frau. Zum Beispiel so was. Gute Taten tun. Ich meine, Sie haben alles gehabt. Aber andere ...

Und wenn das nur so ein Essen ist, das Sie so einem wie mir kredenzieren.

Sie: Auch darüber habe ich nachgedacht. Herr Vanderberg-Pfogel. Ich habe Sie als einen Menschen mit Herz kennengelernt.

Er: Na ja. Wo's nicht klopft, da ist kein Leben.

Sie: Ich werde Ihnen einen Großteil meines Vermögens vermachen.

Er: Wiss?

Sie: Dann kann ich sicher sein, dass die guten Taten getan werden.

Er: ENERGISCH

Frau Funa! Und wenn ich – das ist jetzt gut, dass wir von der Frau Baumkrone gesprochen haben ... Wenn ich so wie die Frau Baumkrone das Geld verkehrt verbrate? Sozusagen.

Sie: Das glaube ich nicht.

Er: Aber ich. Das werd ich gleich alles wegstiften, das Geld. Damit ich das bloß nicht in die falschen Hände krieg.

Sie:	Herr Vanderberg.
Er:	WINKT AB
Sie:	Bitte gehen Sie jetzt. Der Abend mit Ihnen hat mir sehr viel Freude gemacht. Aber... Ich habe noch zu tun.
Er:	Ja, ich weiß. Ich gehe nicht!
Sie:	Dann bleiben Sie. Das ist auch schöner so.
	HOLT EIN FLÄSCHCHEN HERAUS, TRÖPFELT GIFT IN IHR WEINGLAS
	Stoßen Sie mit mir an, Herr Vanderberg.
Er:	LEIDVOLL
	Pfogel.
Sie:	Trinken Sie mit mir. Auf das Leben, auf den Tod.
Er:	Frau Funa ...
Sie:	Wie kann ich Ihnen nur verständlich machen, dass Tod und Leben nicht Gegensätze sind – wie Gut und Böse ...
Er:	VERSUCHT EIN NEUES ARGUMENT
	Ich bleibe, ich erbe – und jeder weiß, ich bin es, der getröpfelt hat.
Sie:	Es steht alles in meinem Testament.
	HEBT DAS GLAS, LÄCHELT
	Ich bin glücklich. Ich schaue zurück – und siehe, es war gut. Ich habe mein Leben allein gelebt. Meine Kinder waren die, die zu mir kamen, geliebt habe ich die Männer, die mich geliebt haben – Geld, Erfolg, das war nie wichtig ...
	Ich habe alles gehabt. Ich habe eine Einkaufstasche, die ist voll – und jetzt gebe ich sie zurück, damit sie mich nicht belastet ... Oder ganz einfach nur, weil sie sowieso nicht mir gehört.
Er:	TROCKEN
	Ich war bei den Pfadfindern. Da hieß es immer, man soll alten Frauen die Tasche abnehmen.
	ÜBERWINDET SICH, VERLANGT NACH DEM GLAS MIT DEM GIFT

Geben Sie her, ich mach das.

Sie: LÄCHELT

Nein. Ich habe immer alles selbst gemacht.

Er: Ja ... Haben Sie denn keine Angst? Angst vor dem Tod?

Sie: Angst ...? Angst vor dem Tod? Die habe ich nie gehabt.

SCHWEIGT, LÄCHELT – HEBT DAS GLAS UND WILL TRINKEN

Er: Ja, da haben Sie doch noch nicht alles gehabt.

Sie: HÄLT INNE

Er: Und das glaube ich Ihnen auch nicht. Jeder Mensch hat Angst vor dem Tod.

UNWILLIG

Nun trinken Sie schon. Ich mach auch die Augen zu.

Sie: Herr Vanderberg ...

Er: GUCKT MISSTRAUISCH

Sie: Pfogel.

Er: IST ZUFRIEDEN, SONST ABER ÜBERHAUPT NICHT

Sie: Die Angst vor dem Tod ist kein Grund zu leben.

Er: SAGT NICHTS

Sie: Sie haben recht. Ich bin eine schlechte Gastgeberin.

STELLT DAS GLAS BEISEITE

Er: Nein, das habe ich nicht gesagt.

Sie: Ich habe nicht an den Nachtisch gedacht.

Er: Doch. Eine Leiche zum Dessert.

Sie: Ich habe noch etwas Eis im Kühlschrank.

Er: Gut. Jetzt weiß ich das – das kann ich mir dann selber holen, aber das ess ich in der Küche.

Sie:	Ich bin eine alte, appetitlose Frau. Das wollen Sie doch sagen?
Er:	STEHT AUF, SETZT ZUR ABSCHIEDSREDE AN – MIT WEINGLAS
	Liebe Frau Funa. Sie wollen aus dem Leben scheiden, das für Sie …
Sie:	Herr Vanderberg, bitte.
Er:	Pfogel, bitte!
Sie:	Eine Frau, die keine Angst hat vor dem Tod. Das wollen Sie doch sagen?
Er:	Ich habe mal eine Frau gekannt, da habe ich auch nicht das sagen können, was ich sagen wollte.
Sie:	Sie haben vielleicht recht. Die Angst, die mir fehlt …
	NIMMT DAS GLAS
	Der Nachtisch.
Er:	Also, ich bin jetzt ein bisschen … Ich weiß nicht, wie der heißt, wenn der auf einem anderen Pferd sitzt.
Sie:	Wenn es am schönsten ist, soll man gehen. Wenn es etwas zu verlieren gibt. Wenn etwas fehlt …
	Sterben, wenn ich es möchte … Wenn ich Angst habe …
	STILLE
	Sie haben mich unsicher gemacht, Herr Vanderberg-Pfogel. Ich bin mir nicht sicher. Ein schöner Gedanke … Ein zweiter … Nicht schön. Angst.
	STILLE
Er:	Also, mal so gesagt … Das weiß ich jetzt auch nicht.
Sie:	Nein … Angst vor dem Tod ist kein Grund zum Leben. Das nicht.
Er:	Jetzt reden Sie mehr mit sich als mit mir. Ich bin bei der Philosophie nicht so schnell. Da bin ich immer ein bisschen hinter mir. Also, andersrum.
Sie:	Ich habe nichts zu verlieren. Ich sollte etwas zu verlieren haben!
	STELLT DAS GLAS BEISEITE

Kommen Sie. Lassen Sie uns irgendwo hingehen und …

LÄCHELT LIEBEVOLL

… einen Nachtisch nehmen, Herr Vanderberg-Pfogel.

Er: Na ja, ich meine … Ich versteh das nicht, aber … Also, ich weiß da ein kleines Restaurant von einem arabischen Türken. Da war der Vater erst mit einer Frau verheiratet, die war ja noch deutsch. Aber dann hat er sich scheiden lassen und das Kind war ihm zugesprochen.

Wenn Sie da mit mir … Er hat in Istanbul ein Geschäft aufgemacht und seine Frau, mit der er die zweite Ehe hatte, wollte nicht – weil er seine Wohnung noch hier hatte. Nur eben das Geschäft … Das war in Istanbul.

BEIDE AB

ELEGIE (UND FRIEDEN)

Sanft
Gehe ich weiter
Komme zu spät
Erreiche das Ziel

Nicht alle

Bald
Bin ich gewesen
Sicher zu früh
Es bleiben die Lieder

Nicht alle

Hat jeder Schritt
Einen andern gesäumt
Hat jeder Tag mich geschieden

Noch einmal zu anderen
Lasten zu träumen
Ist endlich vergangen

Und Frieden

DER UNTERGANG

Es steht die Sonn' am Horizont
So gekonnt   -

Nun steigt sie in das dunkle Meer
Wenn nur nicht früher Morgen wär

I M
N E Z
T Z

 73

Im Netz der Spinne hing
Ein Schmetterling

Kam trotz aller Zappelei
Nicht frei

Die Spinne aber war
Schon lange nicht mehr da

R A B A
T U R I
1   7

Zeit pflücken gehen, sie ist reif
So bald schon wird sie modern
Am Himmel des Kometen Schweif
Das Aug' beglückt ein Lodern

Und trifft das Feuer einst die Erd'
So haben wir die Zeit gepflückt
Was wir gelebt, verfault und nährt
Den Boden hin zu neuem Glück

KRIMI

HERR UND FRAU P. BEIM HAUSPUTZ, GENERVT.

74 →

Nimm du'se, die Bluse, und tu'se in'n Schrank
Nimm du'se, die Bluse, und tu'se in'n Schrank
Nimm du'se, die Bluse, und tu'se in'n Schrank

Vielen Dank!

Gib'se, die Schlipse, ach, gib'se doch mir
Gib'se, die Schlipse, ach, gib'se doch mir
Gib'se, die Schlipse, ach, gib'se doch mir

Hier!

Lass'se, die Tasse, und fass'se nicht an
Lass'se, die Tasse, und fass'se nicht an
Lass'se, die Tasse, und fass'se nicht an

Na dann.

Klirr
Das war Geschirr

Oh, meine Teuerste
Die erneuerste!

So?
Die Vase, das war'se

Tue die Schuhe in die Truhe. Ruhe!
Tue die Schuhe in die Tru … Ruhe!
Tue die Schuhe in die T … R U H E!

Nein! Nein … Solche Dolche haben Strolche, lass das sein!
Nein! Nein … Solche Dolche haben Strolche, lass das sein!
Nein! Nein … Solche Dolche haben Strolche, lass das …

SCHREI

Das haste, Gehasste, vom Gehaste

VERSTOPFT

Er dacht', den Garten mal zu wässern
Um das Wachstum zu verbessern
Für gewöhnlich ging das auch

Nur heute stand er auf dem Schlauch*

*Manchmal hilft, dass man versteht
Wenn man ein paar Schritte geht

UNTER DER SONNE VON MEXIKO

EIN LIED — ←|77

Ich suchte ihre Nähe
Da stand eine Kaktee
Ich hab sie nicht geseh'n
Und schon war es gescheh'n!

REFR.: Unter der Sonne von Mexiko
Heiß war das Land und schwarz war der Kaffee
Und sie war so sexy so
Liebe ist gut, doch manchmal tut sie weh

Wir sprachen über Caesar, über Rom und über Nero
Am nächsten Tag, da trug sie einen Sombrero
Der warf einen Schatten auf ihr Gesicht
Bis heute frag ich mich: War sie's oder war sie's nicht?

REFR.: Unter der Sonne von Mexiko
Heiß war das Land und tief ihr Dekolletee ...

Sie hatte einen Collie, doch der war nicht dabei
Leben ist schön, Leben ist frei
Sie log wie der Teufel und sie trank den Whisky pur
Und ich gebe zu – ja, ich wollt das eine nur

Brauner werden! Brauner werden!

REFR.: Unter der Sonne von Mexiko
Heiß war das Land und schwarz war der Kaffee ...

LOHN DER TRÄUME

Eine Säule aus Gold
Trotzte allen Wettern
Schaute die Bäume

Hat es nicht gewollt
Doch begann zu blättern

VOGEL OLD LIED

← 79

Es flog ein Vogel nach Hawaii
Er hatt' ein kleines Kind dabei
Doch schon auf halber Streck ...

War's weg

Drum flog er schnell wieder nach Haus
»Ich brüte mir ein neues aus«
So sprach er und er tat's

Im Harz

Zum Kinde – wie beim Menschen auch
Es vorher noch die Liebe braucht
Die Liebe gibt es wo?

Im Zoo

Im Zoo, das steht ein Vogelhaus
Da wohnt ein schöner Vogel Strauß
Der liebt dich, wenn's gefällt

Für Geld

Ach, sie, sie war 'ne Nachtigall
Das Ei war eine böse Qual
Doch dann – nach viel Gedrück' ...

Welch Glück!

Es kroch ein Kindlein aus dem Ei
»Komm mit, mein Kindlein, nach Hawaii
Komm mit nach Übersee ...«

Herr je?

Ich krieg 'ne Krise! Kann das sein!?
Die Flügel kurz, so lang die Bein
Der Vater Strauß ... Moment ...?

Der rennt!

Der fliegt nicht über's weite Meer
Der schwimmt auch schlecht nur hinterher
Du schöner Traum Hawaii

Vorbei

Das Leben ist ein Trauerfall
Wie traurig war die Nachtigall
Doch dann sprach sie mit Stolz:

»Was soll's?«

Es flog ein Vogel nach Madrid
Es lief ein kleines Kindlein mit
Lief einfach unten lang

Und sang:

Tiriri diri diri di ...
Tiriri diri diri di ...

Ja, sang ein Straußigallenlied
Von Liebe, Urlaub und Madrid
Da kam ein Omnibus

Und Schluss

DIE GÄNSE

Im Schnee, im tiefen zwei Gänse
Da kam der Schnitter mit der Sense
Die eine starb, ganz ohne Sinn
Die andere ebenfalls

Und die Moral von der Geschicht'
Manchmal lohnt das Sterben nicht

TISCHREDE

Der Unterschied zwischen einem begleitenden Sinn, einem folgenden Nutzen und einem anvisierten Zweck war der zur Weihnacht hingerichteten Gans mit Rufnamen Frida eher piepe. Dennoch mühte sich Manfred mit Geduld und großer Hingabe, ihr noch zu Lebzeiten eine Differenzierung zu ermöglichen, indem er den Sinn als innerlich definierte, den Zweck als äußerlich, und dem Nutzen eine Verbindung zweier Wesen zusprach. Er war sich allerdings spätösterlich nicht mehr sicher und quälte sich, dieses bei unterschiedlichen Wettern einsam sitzend am Teich, darin ehemals seine Frida schwamm, mit der Frage nach der Funktion der Gewalt, ihrer Sinndimension und letztendlichen Nützlichkeit. So wurde er in späten Jahren – zu spät für Frida – zum Vegetarier, dieses allerdings immer neu zweifelnd, wenn er zur weiteren Weihnacht daheim am Herd stand, Knödel formte, und ihn dabei eine wohlige Erinnerung überfiel, der zu folgen er sich Zeit seines Lebens nicht mehr gestattete.

Guten Appetit!

»AUS DEM AUGE,
AUS DEM SINN«,
SPRACH
DIE TRÄNE.
:

```
E                    S
S  T  A  N  D        D
E     I              N
K  N  A  B           E
A                    M
M  O  N  D  E  S
R  A  N  D
```

82 →

Es stand ein Knabe am Mondesrand
Blickte auf den Weltenkreis
Der loderte im Feuerglanz
Des Abschieds

Eine tanzende Schönheit
Die mit Flammenhänden fordert
Die Füße zu stampfen
Ihr zu folgen

Das Fliegen zu lernen
Und die Unermesslichkeit
Den Beginn zu feiern

Wieder einmal
Ihn dann zu den anderen zu legen
Es sind Scheite

**Ich hatte nie vor,
die Welt zu verbessern.
Ich wollte sie nur nicht
allein lassen.**

Aus: Die Frau des Dracula, Uraufführung 1987

MAG SEIN

Mag sein, dass bald schon die Winde kippen
Mag sein, es schwindelt die Zeit
Erzählt von Hoffnung und spitzt die Lippen
Zum Kuss der Ausweglosigkeit

Mag sein, es gibt keinen Himmel auf Erden
Wir haben ihn nur gemalt
Und wenn wir einmal Engel werden
Ist alles Leben ausgezahlt

Es klimpert, was war
Und legt sich nieder

Mag sein …

Es tanzen fern schon die letzten Lieder
Im hämischen Ringelreih'n

…

Du weißt es doch und magst es nicht wissen
Umgarnt von der Schöpfung Lust
Wir sind beschenkt … und angeschissen
Du hast es immer doch gewusst

Wir sind … und irgendwann verschwunden
Der Abend fängt das Träumen ein
Sind immer doch nur letzte Stunden
Und wollen weiter Morgen sein

Malen uns blaue Himmel, erzählen
Von Tagen …

So ist es gut

Es wird ein jeder einmal fehlen
Fang dir der Stunden Übermut

FÜR MALIKA

– GEFLÜSTERT:

Natürlich gibt es Wunder. Ja, natürlich – und nicht unnatürlich, sie sind Wesen unseres Begreifens. Wenn der Alltag verletzt wird, auf schönste Weise. Auf einmal ist all unser Denken, unser Ansehen und Vermuten – es ist wund. Und mehr noch, kaum geschehen wird das nicht Bekannte beinahe gewaltig, es ist so reich, die aufgebrochene, die verletzte Wirklichkeit, sie ist wund und …

Wunder noch.

Bis dahin, dass sie sich verliert. Zurück zu Alltag und der Schönheit dessen, dass es alles zu uns gehört. Es ist auf einmal ganz gewöhnlich, bar aller Wunder. Wunderbar, was Wunder war.

Einige nennen es auch Liebe.

KISSTORIES ZWEI:

DER ENGEL

Weimann hatte sich gewöhnt, dass er mit seinem Nachnamen angesprochen wurde. Er sprach sich selbst mit seinem Nachnamen an. Wenn er Kaffee wollte, sagte er zu sich:»Weimann, mach Kaffee.« Und wenn er sterben wollte, sagte er:

»Geh jetzt, Weimann, jetzt oder nie.«

Sein Leben war ein Traum, für andere vollkommen, für ihn ein Alp. Er wusste nicht, wohin er es führen sollte. Das Wissen begann im Internat, dort lenkten ihn noch die täglichen Aufgaben ab. Doch nicht genügend, Weimann war schlau. Und er war beliebt, anfangs. Er sah gut aus, er besaß ein Erbe, das für mehrere Weimanns gereicht hätte, auf Lebzeit.

»Geh jetzt, Weimann, jetzt oder nie.«

Er stieg die Treppe zur Dachterrasse hoch, diesen Abend würde er springen. Mit etwas Glück würde er ein neues Leben bekommen, eines, das denen der anderen ähnelte. Eines mit Sorgen und Vergnügen, mit Dummheit, die sich nicht bemerkt.

»Ein Mittelklasseleben, bitte ...!«

Wer weiß ...

Im Himmel angekommen oder wo auch immer, würde ihn der Pförtner hereinbitten, seinen Buckel machen und Verständnis heucheln:»Tut mir leid, Mittelklasse ist aus, wir haben nur noch Luxus ...«

Jeden Abend um 19.00 Uhr forderte sich Weimann auf zu gehen. In verlässlicher Regelmäßigkeit. Jeden Abend nahm er sich ernst, und später kehrte er zurück.

Es war beruhigend, Weimann plante sich zu töten und tat es nicht, Abend nach Abend. Er schaltete das Terrassenlicht an, sah die Stadt und vermutete Leben, für eine Zeit, die er sich noch gönnte.

»Geh jetzt, Weimann, jetzt oder nie.«

Er sagte es, dann schaltete er das Terrassenlicht wieder aus. Weimann war schwindelfrei, natürlich. Noch so ein Geschenk, noch so ein Mangel an Not. Es war einfach für ihn, sich über die Stadt zu stellen, in die Tiefe zu schauen. Er kletterte über das Geländer und segelte. So nannte er es. Die Arme hinter sich, die Hände am Geländer, der Körper gestreckt und nach vorne gelagert, der Kopf im Nacken und den Wind gespürt, an anderen Tagen den Regen ...

Und vergessen.

Bis dahin, dass er vergaß, dass er gehen wollte.»Weimann, mach Kaffee«, sagte er zu sich und gehorchte. Dann kam die Zeit, die er nicht schlafen konnte. Bis ihn die Müdigkeit erlöste, am frühen Morgen, wenn April durch die Wohnung schlich und putzte. Weimann stand auf, legte sich auf die Couch im Wohnraum, damit April das Bett machen konnte.

Einmal hatte er gefragt, ob April nicht später kommen könnte, ein, zwei Stunden, damit er länger schlafen könne. April hatte ›Ja‹ gesagt, dann gemeint, dass sie noch schauen müsse, wer das Kind abhole, und Weimann sagte, dass alles bleiben solle, wie es sei, und dass April weiter früh kommen solle.

Etwas Not tut gut, ein Zugeständnis. Es hält am Leben. Ein wenig ...

Manche Tage sind anders.

»Weimann, mach auf«, sagte Weimann. Er stand über der Stadt und segelte, als es klingelte.

Es hörte nicht auf zu klingeln.

Seinen Freunden hatte Weimann abgewöhnt, seine Freunde zu sein. Die nächtlichen Kreuzzüge, wo wird für die Maxi-Flasche Champagner am meisten Geld verlangt? Und Weimann zahlt. Oder die Freunde zahlen, sie sind beinahe gleich, auch sie haben geerbt und sind nutzlos – es macht keinen Spaß, in den Spiegel zu sehen.

Und ohne Spiegel ...

Die anderen Freunde, sie haben kein Geld und es trennt. Entweder sie sind so blöd und gehen nicht mit in den Puff, oder sie sind so blöd und lassen sich aushalten.

Im Puff hat Weimann Kaffee getrunken, mehr nicht. Eine Zeit war es gut. Etwas Leben schnuppern, so hatte Weimann es genannt.

»Weimann, geh und schnupper Leben.«

Es war das Leben der anderen. Es ist besser zu riechen in einem Puff. Besser als in einem Buch, einem Film. Nur die Dramaturgie leidet. Leben zieht sich hin, zumeist.

»Weimann, mach auf!«

Es dauerte, bis Weimann seiner Aufforderung folgte, über das Geländer stieg, zurück ins Leben. Es kam auf einen Tag Unentschlossenheit nicht mehr an. Das Klingeln gab nicht auf, Weimann entschied, es zu belohnen. Es war ein gutes Klingeln, es kehrte wieder, nach einer Zeit der Ruhe, es drängte nicht, doch fragte weiter um Einlass.

Mit Angst wäre es ein böses Klingeln geworden. Aber wovor Angst haben? War es ein Mörder, mochte es helfen. Und war es ein guter Tag, besaß der Mörder Rücksicht und Benehmen, man würde sich einigen.

Es dauerte, bis Weimann die Treppe heruntergegangen war. Er nutzte die Sprechanlage nicht, er fragte nicht, wer da sei? Weimann wartete, hörte den Fahrstuhl näher kommen. Es gab keinen anderen Weg zu seiner Wohnung. Dann öffnete sich die Fahrstuhltür und ein Engel stand vor Weimann, groß und lachend, halbnackt – statt eines Gewandes trug er nur eine Hose, nicht weiß, eine normale Jeans, nicht billig, eine Hose von deMark. Und um die nackten Schultern trug er zwei Bänder, die große, weiße Flügel hielten.

»Schöne Hose«, sagte Weimann anstelle einer Begrüßung, »ich kaufe auch bei deMark.«

Der Engel zeigte ein breites Lachen. Er fragte mit einer Handbewegung, ob er eintreten dürfe? Er sah gut aus. Er hätte jederzeit Werbung machen können. Für geschützten Verkehr, zum Beispiel.

Weimann gab den Weg frei. »Ich nehme an, du bist gekauft«, stellte er klar, »und das mag ich nicht.« Er erhielt keine Antwort, sprach weiter: »Wärest du nicht gekauft, wärest du mir erst mal sympathisch, aber – tut mir leid. Ich mach so was nicht. Richte bitte aus, egal, von wem du kommst, dass er oder sie meinen Geschmack getroffen hat. Mehr aber nicht.«

Der Engel sprach. »Man kann mich nicht kaufen.« Er besaß eine angenehme Stimme. Weimann gefiel die Selbstverständlichkeit, mit der er in der Wohnung stand. Er stand nur da, lächelte. Er sah sich nicht um, gewöhnlich wurde die Wohnung zum Thema, wenn Besuch sie das erste Mal betrat, es folgte Gestaune über die Größe, die Einrichtung ...

»Kaffee oder Champagner?«, fragte Weimann. »Ich meine, wenn du schon mal da bist«, schloss er als Erklärung an.

»Kaffee«, sagte der Engel.

Weimann nickte. »Entweder sie haben dir von mir erzählt oder ...« Er sprach nicht weiter. Sie wollten Champagner, die anderen. Es gab kaum eine Ausnahme. Als Weimann sie noch besuchte, machten sie Bemerkungen, wenn er um Kaffee bat. Es war möglich, darauf zu warten, irgendeine dumme Bemerkung, überflüssig. Als habe Weimann um ein Gespräch gebeten und nicht um Kaffee.

»Okay.«

Der Automat war noch eingeschaltet. »Weimann, mach Kaffee«, sagte Weimann.

Der Engel ging zur Maschine. »Ich werde Kaffee machen.« Er sagte es wie ein Gastgeber, der entschieden hatte, seinen Besuch willkommen zu heißen. Er öffnete die Schranktür über dem Kaffeeautomaten, dort wo Weimann die Tassen aufbewahrte, wählte zwei Becher ...

Weimann betrachtete den Engel von hinten. Ein schöner Rücken, ein Hintern von guten Eltern. Und auch die Flügel sahen imposant aus. Selbstgebastelt? Mit viel Liebe ...? Wer war der Kerl?

»Kann man damit fliegen?«, fragte Weimann.

Der Engel drückte den Knopf für zwei Tassen. »Es heißt nicht ›fliegen‹ sagte er, »es heißt ›segeln‹.« Er drehte sich, sah zu Weimann, erklärte: »Von oben nach unten, und bei gutem Wind geht es auch aufwärts.«

Weimann wurde misstrauisch. »Wer bist du?«

»Gleich«, sagte der Engel.

Er stellte den zweiten Becher unter die Maschine, öffnete den großen Tontopf, der neben ihr stand, füllte ohne zu fragen drei Löffel Zucker in den ersten Becher. Er rührte um, Weimann setzte sich, der Engel brachte den Becher. Dann ging er zurück zur Maschine, die gleiche Prozedur folgte, drei Löffel Zucker und umrühren ...

»Also sind wir zwei Süße?« Der Engel nickte. »Es ist so gut wie unmöglich, sich mit Flügeln hinzusetzen«, sagte er, »ich nehme einen Stehkaffee, ja?«

»Und dann ...?«

»Dann gehen wir segeln.«

»Haben Engel ein Geschlecht?«

Weimann wollte nicht mehr wissen, wer der Engel war, woher er kam, woher er wusste, dass Weimann seinen Kaffee mit drei Löffeln Zucker trank. Er hatte entschieden, dass alles gut war, nein, besonders. Es wäre nicht richtig gewesen, den Moment mit Antworten zu zerstören.

Die Zeit, die noch blieb – bis zum Segeln. Ein Engel war gekommen, warum nicht? Er war gekommen, Weimann zu helfen. Einzig störte, dass seine Anwesenheit Weimann ein Gefühl der Ruhe gab, das er lange nicht mehr verspürt hatte, beinahe ein Gefühl des Glücks ...

Es schuf den Wunsch, die Zeit aufzuhalten.

»Worüber wollen wir reden?«

Der Engel schwieg.

»Du bist gekauft, wurdest eingeweiht, und du bist großartig, stimmt es? Du sollst mich dahin kriegen, dass ich mit dir ins Bett steige, dich ficke, und sie haben gesagt, du sollst nicht aufdringlich sein. Sie haben dir gesagt, dass ich ein Narziss bin, der nur sich selber liebt, und ...«

»Nein«, sagte der Engel.

»Was dann?«

»Niemand hat etwas gesagt. Und du bist kein Narziss. Dazu müsstest du dich lieben.«

Weimann stellte den Becher ab. »Jetzt wird es also härter. Jetzt geht es an das Eingemachte?« Er überlegte. »Wenn ich jetzt sagen würde, du sollst deine Engelhose ausziehen, würdest du es machen?«

Der Engel lächelte, wieder. Es sah aus wie Verständnis. Weimann wusste nicht, ob er wütend werden soll oder ...

Wie blöd!

Es war Abend, es war Segelzeit, und Weimann verliebte sich ... In einen gekauften Engel mit umgeschnallten Flügeln.

Weimann vertrieb den Gedanken. Er entschied weiter anzugreifen. »Bist du schwul?«, fragte er.

Der Engel nickte. »Ja, das ist sicher«, antwortete er.

»Und findest du, dass ich gut aussehe?«, forschte Weimann weiter. Der Engel nickte, freundlich und sicher.

»Also würdest du mit mir ins Bett gehen?« Der Engel schüttelte den Kopf. Er hob den Becher, nahm einen Schluck Kaffee, sagte: »Dazu braucht es mehr.«

»Und was?«, fragte Weimann.

»Komm, lass uns nach oben gehen.«

Weimann nickte. »So ist es am besten«, sagte er.

Er stand auf, ging voran, ohne weitere Worte. Heute Abend würde es gelingen, mit Hilfe eines Engels, ja! Er stieg die Treppe hoch, schaltete das Terrassenlicht an, es war Gewohnheit. »Und heute lassen wir das Licht an«, sagte der Engel, »heute soll es anders sein.«

Weimann entschied, nicht mehr zu fragen. Er ging, stieg über das Geländer, der Engel folgte. Nun standen sie nebeneinander, die Arme hinter sich, die Hände am Geländer, der Körper gestreckt und nach vorne gelagert.

Unter ihnen wartete die Stadt.

Weimann legte den Kopf in den Nacken, spürte den Wind. »Wenn du nicht gekauft wärst«, sagte er, »würde ich dich lieben.«

»Das ist gut«, sagte der Engel, »und ich bin nicht gekauft.«

Weimann zögerte. »Wer bist du?«

Der Engel schwieg.

»Wer?!«

»Weimann, du Idiot. Ich dachte, du bist schlau? Ich bin du.« Der Engel drehte den Kopf, sah zu Weimann: »Und wenn du denkst, du würdest mich lieben, dann tu es endlich!«

Er ließ los. Weimann erschrak. Der Engel stürzte vornüber, fiel zur Erde, wie ein abgeschossener Vogel. Der Wind riss an seinen Flügeln, mühte sich, sie von seinen Schultern zu reißen, dann aber breiteten sie sich aus, nun segelte der Engel, erst zur Tiefe, dann mit Aufwind. Er stieg in die Höhe, mit umgeschnallten Flügeln, flog zurück zu Weimann, nun hing er in der Luft, direkt vor ihm, halbnackt und wunderschön.

»Oder weißt du nicht, wie das geht?«, fragte der Engel.

ED
EN

91 ↦→

Gott, wir müssen über Eden reden

Dies Paradies
Dass du zugemacht
Ich habe da mal nachgedacht

Ich verstehe es nicht ...

Das ewige Gericht
Wo du die Schafe scheidest
In deiner Güte selbstverständlich leidest
An deinem eigenen Entschluss

Aber du bist das Wort
Dazu musst du stehen

Keine Frage, die Vergehen
Der Schafe auf Erden
Müssen gesühnt werden

Es gibt ja Menschen
Das sind keine Menschen
Das sind Bestien, Ungeheuer
Ab ins Feuer
Weshalb soll man die belohnen?

Und nach ganz viel Zeit
Nach Äonen
In Schmerz und Leid
Mit dem Ziel porentiefer Reinigung
Kommt dann die Wiedervereinigung

Die Schafe sind geläutert
Ich meine
Äonen in der Hölle
Wer da noch meutert
Nee
Das System ist okay

Im ersten Augenschein
Es lohnt sich, fromm zu sein
Brav

So'n Schaf
Ist besser
Und hat es besser
Als die andern

Bosheit ist Blödsinn
Nur das Gute macht Gewinn

Weil: Wir wandern
Der Frommheit zum Preis
Als Schaf, das weiß
In die Paradiesei

Frei
Von den Bürden, die ich so trag
Ein schöner, großer, geschlossener Park
Da kann ich dann lustwandeln ...

Was ich mich frag
Dabei
Verzeih
Herr Gott

Solltest du nicht die Kriterien
Für deine Entscheidung – Ferien
Im Paradies, unbefristet

Beziehungsweise
Erst mal muss die Seele ausgemistet
Werden

Der Erden
Dreck
Muss weg

Mensch muss sich ändern
Über das Mittel der Not
Zur Lebenszeit

Oder halt nach dem Tod
Egal

Wenn du in der Hölle dann
Alles einsiehst
Und Gott wieder lobst
Kommst du auch ran an das Obst

Also ...
Der Apfel, das ewige Leben

Sollte man nicht umgekehrt
Diesen Apfel den Bösen geben?

Sofort – nach einem Leben
Der bösesten Art
Freifahrt
In dies Paradies
Nach Eden

Und da passiert dann das Reinigen!

Im Glück
In Frieden
Ich meine, du hast deine Engelpolizei
Die aufpasst
Dass da keiner was Verkehrtes anfasst

Ich will ja nur, dass es ihnen gut geht

Weil ich glaube
Dass der Mensch das Gute nur versteht
Wenn er es spürt

Wenn Liebe
Ihm das Herz umrührt
Die Innerei verdreht
Mensch versteht
Kann doch nur fühlen, denken
Was er kennt

Dir brennt
Kein Mensch in Feuer gut

Du solltest dein Paradies verschenken

Dort, wo das Böse
Verzweiflung, Wut
Das Kranke
Wo Krieg regiert

Dort wird es gebraucht
Dort pressiert
Dein Eden

Verdammt! Gott!
Lass mit dir reden!
Du musst nur aufhören
In Lohn und Strafe zu denken

Du solltest dein Paradies verschenken

F Ü R
B I T T E

Hört ihr das Klagen, hört das Wimmern?

Verscheucht die kleinen Jesulein
Doch endlich aus den Kinderzimmern
Sie wollen nicht gekreuzigt sein!

Habt ihr kein Auge, habt kein Herz?
Habt ihr vor lauter liebem Gott
Kein Träumen mehr?!

Himmelwärts
Per Nachtgebet vor dem Schafott

Ein Kindlein weint. Es fühlt die Not
Gemarterte zu Hauf' ...

»Das ist der Heiland
Ja ... Gleich ist er tot«

Hängt endlich Himmelfahrten auf!

SELIGPREISUNG

Lasset die Kindlein zu mir kommen und wehret ihnen nicht,
denn ihrer ist das möglich, dass du auch mal zuhörst?!

Ich mach das ja nicht für meinen Spaß!

Lasset die Kindlein zu mir komm, stell das hin!

Das ist für Erwachsene. Ja. Das ist das heilige Geschirr.
Das fasst man nicht einfach an.

Lasset die Kindlein zu mir kommen und wehret ihnen **NICHT!**

Du sollst da deine Krabbelfinger von weglassen!
Setzt dich hin und werde älter.

Das ist von dem Heiland der Leib und das ...
Das erklär ich dir, wenn du älter bist.
Da wirst du besoffen von.

Lasset die Kindlein zu mir kommen
und wer kann da mal auf dieses Kind aufpassen?!

Das ist mir egal. Meinetwegen festnageln.

D   I   E

K   R   O

N   E

Ein Schurke
wer Böses denkt

Ein Wesen, den Himmeln gleich
wer Zeit seines Lebens den Glauben bewahrt

Trotz aller besseren Erfahrung

Hingerichtet
auf das Gute

Der Mensch

Ist die Krone der Schöpfung
und Gott ist ein Zahnarzt

Jan Meszie, 1981, geflüstert:

»Es gibt ihn den Gral des WoWo, darin die dreiseitige Münze.«

Ein jeder spricht nur, was er kennt
und spricht die Armut, die er weiß
und spricht, dass er sie Reichtum nennt
und zahlt, was er besitzt, als Preis

URRECHTN MÄSSIG

Manchmal habe ich einen Traum.

Ich bin in der Schule. Ich stehe kurz vor der Prüfung. Aber ich habe sie bereits bestanden.

Was geschieht, wenn ich bekannt gebe, dass ich geschummelt habe? Ich bin unrechtmäßig in der Schule. Ich weiß es – in meinem Traum ... Alles, was ich erlangen könnte, ist bereits in meinem Besitz.

Doch ich fürchte, die Prüfung nicht zu bestehen.

Ich will aussteigen. Einzig hält mich, dass ich es nicht wage, meinen Betrug mitzuteilen. Ich könnte aufstehen und sagen: »Ich gehe!« Ich zeige meine Zeugnisse und beweise, dass es nicht notwendig ist, dass ich bleibe.

Man wird mich bestrafen. Wie kam ich auf die Idee? Warum sitze ich erneut in der Schule?

Sie werden mich anklagen! Es wird ihnen nicht möglich sein, meine Papiere anzuzweifeln, aber ich habe meine Lehrer belogen. Ich habe mich widerrechtlich eingeschlichen, zurück in die Schule. Warum?

Es gibt kein Entrinnen. Wenn ich ihnen sage, dass ich unrechtmäßig ... Ich kenne die Konsequenzen nicht. Aber ich will sie auch nicht kennenlernen. Ich muss durchhalten. Ich muss nur die Prüfung schaffen.

Und wenn ich scheitere ...?

T_A R Z A N

EIN LIED

---

1. In der Serengeti
Gibt es keinen Yeti
Nur 'nen großen Affen mit 'nem Lendenschurz

Das süße, nackte Jungl
Wohnt an sich im Dschungel
Manchmal kommt er raus, aber nur ganz kurz

Dann will er nach ihr seh'n
Denn sie ist seine Jane
Sie ist seine Dschungelbraut
Auf ewig angetraut

REFR.: Tarzan! Was'n Wahn, was'n Wahn!

Er ist so wild und ungestillt
Sie sollten ... Also, wenn der brüllt ...

Tarzan! Was'n Wahn, was'n Wahn!

Er sagt zu ihr: Du meine Jane
Und er schenkt ihr Orchideen
Da kannste mal seh'n - der hat Ideen

UND DAS IM WALD!

---

2. Hinten er, die Jane vorn
So auf einem Nashorn
Durch den Dschungel, durch den wilden Wald im Trab

Und manch ein Gorilla
Noch so'n wilder Killer
Wenn er Tarzan sieht, dann haut er schnelle ab

Pygmäen, die sind klein
Die sieht man nicht, oh nein
Tarzan aber macht das nix
Er hat so seine Tricks

REFR.: Tarzan! Was'n Wahn, was'n Wahn!

Er ist zwar nicht zivilisiert
Doch er ... Ja, er ist immer gut rasiert

Tarzan! Was'n Wahn, was'n Wahn!

Er hat im Wald im Baum ein Haus
Und da guckt er abends raus
Mit seiner Jane - das findet er schön

DA GUCKT ER SO IN'N WALD

3. Grüne Krokodile
Sind im Fluss so viele
Aber nicht, wo Tarzan ist – wenn er da schwimmt

Im Wald, da ist er Erster
So 'ne Art von Förster
Wehe, wenn er merkt, dass irgendwas nicht stimmt

Er ist der Dschungelherr
Und nicht von ungefähr
Stimmt was nicht, dann wird er bös'
Und er ist muskulös

REFR.: Tarzan! Was'n Wahn, was'n Wahn!

Er ist so wild und sonderbar
Mit seiner Anakonda da

Tarzan! Was'n Wahn, was'n Wahn!

Kommt dann die Zeit und seine Jane
Will die Stadt mal wieder seh'n
Lässt er sie geh'n - auf Wiederseh'n

BIS BALD IM WALD!

BESESSEN

Nun bin ich verschwunden
Ich hab mich versteckt
Und ungefunden
Wiederentdeckt

Von all dem besessen
Was ich nicht besaß
Ich war vermessen
Du warst das Maß

Ich hab mich verlassen
Liegt alles bei mir
Ich will mich fassen
Und greif nach dir ...

Ich fühl mich zerfressen
Ich habe geliebt
Ich hab vergessen
Dass es mich gibt

EIGENTLICH

Eigentlich
Haben du und ich
Uns nur gestört

Wenn fehlt
Was keinem gehört
Dann bin ich nicht bestohlen

Warum?

Warum will ich dich wiederholen?

D I E
S T A D T

Erinnerungen kriechen aus den Ecken
Dabei bin ich doch noch da
Ich wohn noch, wo ich herkomm
In der Straße, die mal meine Straße war

Refr.: Ich sag zur Stadt: Ich komm nicht mehr wieder
Ich bin eigentlich schon weg
Ich geh das letzte Mal so durch die Straßen
So ist es immer

Die Stadt kommt aus ihrem Versteck

Sage ich, ich will gehn
Dann macht sie sich schön
Sie putzt sich mit Erinnerung
Sie wird ganz infantil

Kann es sein, dass die Stadt
Dass ich bleibe, dass sie's will?
Sie parfümiert sich mit vertrautem Geruch
Sie trägt ihr schönstes Abendkleid

Refr.: Ich sag zur Stadt: Ich komm nicht mehr wieder
Ich bin eigentlich schon weg
Wie zu Besuch geh ich durch die Straßen
So ist es immer

Die Stadt kommt aus ihrem Versteck

Ich hab hier viel zu lange schon gewohnt
Wir sind einander gewohnt
Ich brauche Häuserwechsel, ich will woanders hin
Die Stadt zeigt heute Mond

IM ZUG

102→

Einmal fuhr ich Zug.

Mir gegenüber im Abteil saß ein junger Mann. Er schien Student zu sein, denn er las aufmerksam in einer Reihe Bücher, wobei er ab und zu aufschaute und mir einen halb schüchternen, halb forschenden Blick zuwarf.

Es war einer jener Tage, an denen die Wirklichkeit zur Übertreibung neigt.

Ein warmer Tag.

Es muss die Hitze gewesen sein. Der junge Mann hatte das Hemd um einige Knöpfe geöffnet. Ich überraschte meine Augen, wie sie unter dem Saum der geöffneten Hemdsbrust Schatten suchten ...

Er bemerkte es. Sein Mund baute ein Lächeln auf, das nicht stimmte.

Dann betrat eine junge Frau unser Abteil. Sie war von zarter, eigenwilliger Schönheit. Sie besaß jenes Besondere, dass sich nicht durch ein Äußeres festmachen lässt. Ich weiß nicht, wie ich es sagen soll ...? Es war eine Schönheit, die auf Zehenspitzen läuft, um keine Aufmerksamkeit zu erregen.

Sie will es nicht, aber es macht sie unübersehbar.

Alles war ungewöhnlich an jenem Tag. Ich hatte den Zug betreten und befand mich in einer anderen Welt, die mir dadurch, dass sie mir meine Erfahrungen absprach, die Rolle eines tragischen Komödianten zuwies.

Alles verhielt sich anders.

Die junge Frau setzte sich neben den jungen Mann. Sie trug einen sehr kurzen Rock. Ihre Strumpfbänder, sie ...

Es war, als hätten sich ihre Strumpfbänder mit der Hemdsbrust des jungen Mannes abgesprochen. Zwei Puzzleteile, die nicht zueinandergehören ...

Und ich bin das Verbindungsstück.

Es dauerte auch nicht lange. Der junge Mann räusperte sich und begann, mit einem Blick auf seine Bücher von der fortschreitenden – er sagte: ›grassierenden‹ Einsamkeit der Menschen zu sprechen. Dabei berührte mich die junge Frau mit den Füßen.

Nur kurz.

Ich ließ mich auf das Gespräch ein. Ich hörte dem jungen Mann zu, wie er mit einer ruhigen, angenehmen Stimme erläuterte, dass in der heutigen Zeit ein Zwang zur Freiheit bestehe und dieser den Menschen in die Isolation führe.

Ich bemerkte es zuerst gar nicht. Dann spürte ich den Druck. Unsere Schuhspitzen lagen aufeinander.

Ich starrte den jungen Mann an. Er zog den Fuß nicht zurück. Er unterbrach seine Ausführungen, sagte, dass es sehr heiß sei, und löste einen weiteren seiner Hemdsknöpfe. Dabei erwiderte er meinen Blick, nein ...

Er gab sich hin. Ich suchte die Häme in seinen Augen, ich meinte, das Opfer eines Missverständnisses zu sein, das aufzuklären mir aber bereits die Unschuld fehlte.

Hinzu kam, dass die junge Frau ihre Schuhe ausgezogen hatte und mit ihren Zehenspitzen meinen Knöchel umspielte.

Die Berührung mit Nylon ...

Ich wurde immer nervöser. Ich übernahm das Reden, faselte von Themen wie Körperbewusstsein, Entfremdung ...

Es war lächerlich!

Es schien beiden nichts auszumachen. Der junge Mann tat, als höre er mir interessiert zu. Mittlerweile berührten sich unsere Wadenbeine. Der Fuß der jungen Frau kletterte in mein Hosenbein, in aller Belanglosigkeit, als sei es nur ein unbedeutender Zeitvertreib ...

Meine Gedanken rasten, ich klebte im Zugsitz, ich ... Auch erwartete ich jeden Moment die Kontrolle!

Ich habe die Berührungen unterbrochen. Ich habe um Entschuldigung gelächelt und getan, als wolle ich mich bequemer hinsetzen. Ich habe mein Bein aus der Wadenzange des jungen Mannes gezogen und ...

Ich habe unbeteiligt aus dem Fenster geschaut. Ich ...

Es wurde still in unserem Abteil.

Im Spiegelbild des Fensters sah ich das Gesicht des jungen Mannes, die Enttäuschung. Dann – er musste gespürt haben, dass ich ihn betrachtete ...

Er drehte den Kopf und unsere Augen begegneten sich im Spiegelbild des Fensters. Ich war nicht in der Lage, seinem Blick standzuhalten. Ich musste woanders hinsehen.

Aber da saß die junge Frau.

Ich habe die Augen geschlossen und getan, als sei ich erschöpft und wolle ausruhen, ich habe mich zurückgelehnt und ...

Ich wollte nur noch allein sein. Ohne die Angst.

Als ich nach einiger Zeit meine Augen wieder öffnete, nur um ein Weniges ...

Ich sah die Hand der jungen Frau auf der Armlehne ihres Sitzes neben der Hand des jungen Mannes liegen. Sie berührten sich mit den Fingerspitzen. Es war ein Ballett, das Spiel zweier Gliedertiere. Sie warben umeinander.

Da wusste ich, dass ich es wollte.

Ich habe getan, als suche ich eine bequemere Lage. Dabei bin ich ein wenig nach vorne gerutscht und habe mit meinem Knie das Knie des jungen Mannes berührt. Ich habe das Bein ausgestreckt und es gegen die Wade der jungen Frau ...

Es brauchte nicht mehr.

In mir schloss sich ein Vorhang und was blieb, war Wirklichkeit. Die Bilder meiner Angst verbeugten sich, sie nahmen ihren Applaus entgegen ...

Es war eine Reise weit über mein Ziel hinaus. Aber es war eine Reise zu mir.

Einmal fuhr ich Zug.

ANGST

VERSION II

Ein weiterer Hinweis: Wir erleben es sehr häufig, dass es in der Pause im Toilettenbereich zur Schlangenbildung kommt. Und dieses ganz besonders vor einer Tür.

Wir möchten Sie auffordern, im Sinne: Wir sind erwachsene Menschen, es ist ein angenehmer Abend – lassen Sie sich nicht durch kleine Schilder aufhalten, nehmen Sie einfach die Tür, die da ist.

Es ist gegen die Vernunft (besonders gegen die Vernunft der Eile), es ist in der heutigen Zeit eine überholte Gewohnheit, es macht keinen Sinn:

Links bildet sich eine Schlange und rechts wartet der Raum.

Und Sie werden auch in der anderen Örtlichkeit alles finden, was für die kleine Bedürftigkeit zur Zufriedenheit reicht. Ich denke, die Zeit ist so weit, dass wir die Geschlechtertrennung im Öffentlichen, die Angst, dass wir uns nicht begegnen dürfen ...

Das ist ja, wenn ich kurz noch ausufere: Wenn Sie nur einmal darüber nachdenken, dass die wunderschöne Verschiedenheit, die uns auszeichnet (also: verschieden im Sinn von lebendig, nicht tot), dass wir im Deutschen dafür das Wort ›Geschlecht‹ benutzen – als sei daran irgendetwas geSchlecht!

Das ist doch geGut! Und – wenn es mehrere sind, dann sagen wir »GeSchlechter«. Was ist daran geSchlechter? Allein ist geGut, aber zu zweit ist GeBesser! So kenne ich das.

In diesem Sinn: Wenn Sie in der nun folgenden Pause toilettieren gehen ...

Ein wunderschönes Wort! Toilette ...

Das kommt aus dem französisch-englischen. Toi – der Teufel, kennen sie: Toi toi toi! Und englisch ›let‹ – lassen, also: Den Teufel rauslassen ...

Auf jeden Fall ein schöneres Wort als ›Klos (:ß)‹. Das ist mir zu plastisch. Oder

›Stilles Örtchen‹. Stimmt ja auch nicht immer.

Ich denke, ich bin verstanden worden.

Ich sehe jetzt noch einige Gesichter, die bedenklich schauen. Von wegen, dass es zu weit geht mit der Freiheit ...

Ich kann das verstehen.

Ich war persönlich erst vor kurzem auf der Herrentoilette und habe mir vorgestellt, dass ich dort – also: rein gegutlich – auf der falschen bin.

Das war ganz schön unheimlich.

Ich mache Ihnen folgenden Vorschlag. Das hat sich schon bei anderen Veranstaltungen als ein gesunder Kompromiss bewährt:

Viele von Ihnen wissen ja noch gar nicht, wie es bei dem anderen Gegut aussieht. Also, hinter der Tür. Deswegen trauen wir uns da nicht hin, wir wissen nicht – was springt mich da an, bekomme ich dort alles, was ich brauche ...?

Machen wir es doch erst einmal so, dass in dieser Pause alle M's für D gehen und alle D's für M. Für ein erstes Kennenlernen. Und so kann auch nichts passieren, so kommt es weiterhin nicht zur Begegnung. Aber wir lernen diese fremde, unbekannte Gegend kennen, die uns eigentlich dienlich sein kann – wir verlieren die Angst ...

Ja.

Nur – wenn wir das so machen, dann ist es wichtig, dass sich auch alle daran halten. Sonst bricht das Chaos aus. Wenn einige machen wie früher und einige wie neu ...

Auf dem Weg in die Freiheit ist die Ordnung von höchster Bedeutung!

In diesem Sinn wünsche ich Ihnen eine angenehme, erlebnisreiche und begegnungsfreudige ...

PAUSE.

»OH, SIE SOLLTEN DIE NEUGIER NICHT ÜBERSCHÄTZEN. VIELE MENSCHEN SIND EHER FROH, WENN SIE NICHT SUCHEN. SIE NENNEN ES ZUFRIEDENHEIT. «

DIE SCHNECKE

TEIL 1

Es kroch eine Schnecke
An der Decke ...

Und wie sie so die Welt verdreht
Da denkt sie doch: Die Lampe steht!

109 ↦→

Fortsetzung folgt

DIE SCHNECKE

TEIL 2

Was bisher geschah:

Eine Schnecke sah
Eine Lampe und meinte am Ende

Sie stände

Was ein Irrtum war
Weil sie die Welt verkehrtrum sah

Doch drauf bestand – sie habe Recht!
In einem Fernsehwortgefecht
Mit einer Assel, das war peinlich

Der Stand, sprach die
Sei unwahrscheinlich
Man bedenke nur
Die Elektroschnur …

Worauf die Schnecke böse rief:
»Kriech hoch und schau es relativ
Es ist der Ansicht Wirklichkeit
Die das Reale wandelt!«

Doch hat nur Häme eingehandelt

Die Assel sprach: Es mag ja sein
Gibt nicht nur eine Sicht allein
Doch sei die Vielfalt allen Schauens
Auch eine Frage des Vertrauens

Das hin zur objektiven Sicht
Plural geschaut, sonst geht es nicht
Statt jeder einzeln, bitte sehr!
Wo kämen wir da hin – und her…

So sprach sie klug und sprach so lang
Von Position und Lampenhang

Dass uns're Schneck, der längstens klar
Dass sie verkehrt gekrochen war
Am End sich fragte, ob nicht doch …
Und noch mal hoch zur Lampe kroch

Wo neu sie schaute und befand
Es ist kein Hang, es ist ein Stand
Von dem der Bodenkriecher denkt:

Die Lampe hängt

Fortsetzung folgt

D I E

S C H N E C K E

C K E

T E I L 3

Ein Skandal! Ein Eklat ...!

Wir erinnern, was geschah:
Eine Fernsehdiskussion
Und die Schneck, sie wollte schon
Eingesteh'n ...

Doch dann wollt sie's noch mal seh'n

Und so kam es zur Revolte
Weil sie widerrufen sollte

Doch sie ist nur losmarschiert
Und hat lauthals protestiert:

»Wer flexibel nicht und dumm
Scheut die Welt, die andersrum
Da in Relativität
Was ansonsten hängt, dann steht!«

Ja, sie kämpfte! Malte dann
Sich ein Transparent noch an

(So ein ganz kleines, das sie mit den
Fühlern hielt)

Darauf
Vorn und hinten durchgespielt
Wie sich Wirklichkeit verhält
Jeweils anders hingestellt

Was – jetzt wird es interessant
Philosophisch sehr brisant
Und sich auch reimt – z. B. auf Kant

(Das am Rande: Wussten Sie, das der
Hausdiener Kants Lampe hieß?)

(Und nur mal angeknipst – eine der spä-
teren Aussagen unserer Schnecke:

Die Wirklichkeit scheint!

Und wenn eine Assel noch so sehr
meint, dass sie die Wahrheit kennt ...)

Schau'n wir kurz auf's Transparent:

VORN

Die Lampe hängt

Die Kamera schwenkt
Die Lampe steht

Die Kamera dreht
Die Lampe hängt

HINTEN

Die Lampe steht

Die Kamera dreht
Die Lampe hängt

Die Kamera schwenkt
Die Lampe steht

Bitte ...

Dies zur Deutlichkeit:
Es war nicht der Schnecke Streit
Sie bestritt – je nach Sicht
Dass die Lampe hängt, ja nicht

Wies nur hin, dass sich der Hang
Ändert bei 'nem Deckengang

Sodass, was nicht vereinbar scheint
Sich im Verständnis doch vereint
Weil das, was ist, wohl ist
Doch anders möglich wär' ...

So ungefähr

Es wurde ihr so bös verleidet
Wurd' so bös ihr angekreidet
Welt stand Kopf, womit – na ja
Die Lampe wirklich stehend war

Philosophen, Kirchverbände
Parlament – und am Ende
Wurden noch zwei Psychologen
Zu dem Fall hinzugezogen

Eine Kakerlake, die
Attestierte Hysterie

Und ein Wurm, der sagte nur:
Man bedenke die Natur
Eine Schnecke, bitte! – die

Zwittrig orientiert und bi

Ist doch klar, dass dann verdreht
Was normal nur hängt, auch steht

Drum mein Rat: Man isolier
Jene Schnecke, therapier
Ihre pervertierte Art!

Was man nur zu gerne tat

Fortsetzung folgt

DIE SCHNECKE

TEIL 4

**ERSTER BRIEF
AUS DER EINZELHAFT**

Sie reißen mich aus meinem Schlaf
Mit billig stumpfem Lachen
Mich quält, dass ich nicht schlafen darf
Zu ihrer Sicht soll ich erwachen

Ich bin so müde, bald gelähmt
Mein Zweifel seiner Kraft beraubt
Dass er sich seiner Einsicht schämt
Und endlich fremde Wahrheit glaubt

Holen sie mich Nacht für Nacht
Aus meinen Träumen hin zu ihren
Um meines Schlafes Trost gebracht
Droh' den Verstand ich zu verlieren

Um einen ander'n zu erhalten ...
Ich sehne mich nach Dunkelheit
Dass sie der Lampe Licht ausschalten
Für eine kurze Schlafenszeit

Der Lampe Licht ist immer da ...
Es soll mir meinen Irrtum zeigen
Die Lampe hängt – ist es wahr ...?
Ich bin zu erschöpft, zur Decke zu steigen

Und sei es nur ein letztes Mal – egal!
So steig ich im Geist, ja ...
Wie sie dort hängt, zum Boden weist
Dann umgedreht ...

Wie stolz sie von der Decke steht!
Strahlend hell
Ein Leuchtturm gleißender Wirklichkeit

Ich bin nicht bereit
Mein Träumen zu lassen
Sie quälen mich, doch
Ich träume noch!

Fortsetzung folgt

DIE SCHNECKE

TEIL 5

**ZWEITER BRIEF
AUS DER EINZELHAFT**

Der Lampe aber, die nicht denkt
Ist's furzegal
Ob sie nun hängt

Ob sie nun steht
Von Schmerzen frei
Ist alles ihr nur Träumerei

Womit bewiesen: Wirklichkeit
Ist eine Not der Wesenheit
Die mit des Zweifels Kraft beschenkt

Die Lampe aber, die nicht denkt
Noch Schmerzen fühlt
Ihr ist's gegeben
In einem großen Traum zu leben

Fortsetzung folgt

D I E
S C H N E
C K E

T E I L 6

**DRITTER BRIEF
AUS DER EINZELHAFT**

Heute morgen ist mir bewusst geworden, dass es kein gewöhnliches Zimmer war, in dem es zum Ereignis der Sicht jener umstrittenen Lampe kam. Es handelte sich um einen Bodenraum. Dieses erscheint mir umso ironischer, da es doch vorrangig die Bodenwesen sind, die die Möglichkeit abstreiten, dass eine Hängeleuchte – einfach gesagt – in der Wirklichkeit der Anschauung zur Stehlampe werden kann.

Weiterhin erinnere ich auf dem Boden des Bodens liegend eine Decke, die von der Decke gesehen nun umso mehr zur Decke wurde. Die Lampe befand sich also nicht nur auf dem Boden, sondern wies auch noch zur Decke, für mich ein weiteres Indiz ihrer hohen Potenz zur Stehlampe.

Nun, ich muss aufhören, ich werde gleich zu einem weiteren Gespräch gebracht. Wie werden meine Gegenüber auf meine Beobachtung reagieren?

Fortsetzung folgt

DIE SCHNECKE

TEIL 7

– EINE REDAKTIONSSITZUNG –

HERR DR. KLEIDERMANN ERÖFFNET

Nun, wo sind wir?

MANFRED SEEMANN VOM REGIONALEN MELDET SICH UND FASST ZUSAMMEN

Die Schnecke ist inhaftiert
Wird – wie unter Lebewesen üblich
Therapiert ...

FRAU FLÜGEN VOM WETTER IST KRITISCH

Man kann das auch anders nennen

HERR SEEMANN, UNGEBROCHEN

Eine Einzelzelle
Man lässt das Licht 24 Stunden lang
brennen
Ständige Helle

EINE MELDUNG WEITER HINTEN, DER NAME IST DER RED. BEKANNT

Ich bin mir nicht sicher, aber biologisch:
Schnecken sind
Fühlerwesen, und darum doch blind?
Augenlos! Oder nicht ...?

HERR SEEMANN IST BEEINDRUCKT

Weiß jemand hier:
Sehen Schnecken Licht?

DER PRAKTIKANT, 43, ZÖGERLICH

Also – ich hätt' da noch eine andere
Problematik

FRAU FLÜGEN NICKT IHM MUTMACHEND ZU

DER PRAKTIKANT, 43

Um sie kurz anzusprechen:
Man versucht doch
Ihr das Rückgrat zu brechen ...

Weiß jemand hier – ein Weichtier ...?

HANS-LUDWIG SOMMERFELD, 2. FOTOGRAF

Ich denke, das muss man zermatschen

HERR SEEMANN ENGAGIERT SICH

Man könnte mit dem Schuh drauf-
schlagen
Dann in aller Öffentlichkeit sagen
Dass es uns leid tut

FRAU FLÜGEN

Das find' ich nicht gut

SIEGFRIED HALBER VOM FEUILLETON

Wenn wir enden, sie zu quälen
Wenn wir ihr erzählen
Wir hätten noch mal nachgedacht

EIN ZWISCHENRÄUSPER

Und wenn auch sie bereit
Zugeständnisse macht ...

DIE LOKALNACHRICHTEN, HERR WALTHER

Ja, toll
Schleim du mal eine Schnecke voll!

STILLE – DR. KLEIDERMANN ÜBERNIMMT

Aber – was machen wir?

RATLOSE GESICHTER – DR. KLEIDERMANN FÜHRT WEITER AUS

Ihr die Freiheit geben?

Wir lassen sie leben
Worauf sie losrennt
Unsere Kinder verdirbt ...

STILLE – DANN DER ENTSCHLUSS

Nein! Die Schnecke stirbt

Fortsetzung folgt

DIE SCHNECKE

TEIL 8

**VIERTER BRIEF
AUS DER EINZELHAFT**

Man hat aufgehört mich zu quälen.

Vielmehr erfahre ich wohl verborgene, aber dennoch vorhandene Bewunderung. Wie sagte einer meiner Wärter: »Schnecken haben ganz schön Rückgrat, echt!«

Ich bleibe misstrauisch. Aber ich beginne sie zu verstehen. Ich weiß jetzt, dass ihre Lampen hängen. Ich habe mich mit einer gegenüber inhaftierten Stubenfliege unterhalten. Die Folterer, sie kennen es nicht anders. Sie sind nie an einer Decke entlanggekrochen.

Tatsächlich – wir kommen uns näher, die Folterer und ich. Ihre Qual findet mein Verständnis. Gern würde ich ihnen das Erlebnis eines Deckengangs vermitteln!

Unmöglich ... Ich muss ihnen ihre Armut verzeihen.

Fortsetzung folgt

DIE SCHNECKE

TEIL 9

**VORLETZTER BRIEF
AUS DER EINZELHAFT**

Das Licht ist aus
Es ist wieder Nacht
Die Qual vorbei ...

Dass man mich zur Schnecke macht

EIN LÄCHELN, HINGESCHRIEBEN

Was ist der Folter Sinn?
Ich kann doch nur, was ich bin
Auch sein

So wie sie

Ich bin es nicht
Ich muss ihnen ihre Armut verzeih'n

Sie foltern und sehnen
Und ringen um Licht
Und können doch nur
Was sie sind, auch sein

Fortsetzung folgt

DIE SCHNECKE

TEIL 10

**LETZTER BRIEF
AUS DER EINZELHAFT**

Morgen werde ich entlassen. Ich habe durchgehalten. Aber ich denke, es ist nicht mein Verdienst, dass ich die Freiheit wiedererleben darf. Draußen wird sich einiges verändert haben, nur so kann ich es mir erklären.

Also besteht Hoffnung? Die Zeit der Dummheit ist immer mal wieder befristet? Wer weiß ...

Ich höre Geräusche. Schlüssel. Es ist soweit. Endlich! Ich krieche zurück in meine Freiheit.

Ja ... Ich werde der Welt erzählen, dass alles anders ist. Wenn die Welt nun so weit ist, es zu begreifen. Doch ...

Ich wünsche niemandem, dass er meine Qual erlebt.

Fortsetzung folgt?

121 →

D   E   R
Z   W   E
R   G

Es stand ein kleiner Zwerg
Auf einem hohen Berg
Und er dachte: »Oh, wie fein!
Alles ist wie ich so klein ...«

ND

Mich haut ja nun wirklich so leicht nichts um das mal so zu sagen.

Aber wenn man mir dann vorwirft, ich mache mich lächerlich mache da keine Zugeständnisse mehr lasse ich mir nicht gefallen!

Ich meine, wenn Bernd schon einmal mit mir tanzen geht das nicht!

Ich habe ja nichts dagegen acht Uhr war ich fertig. Bernd natürlich kommt um halbneun klingelt das Telefon, er sei aufgehalten sie sich jetzt feststeht, dass ich um acht mit ihm verabredet war ja nicht so schlimm.

Aber wenn er dann anruft, dass seine Cousine ist ganz zufällig bei ihm vorbeide unterhalten sich gerade so angenehm ich mir mal was richtig Schönes vor zwölf Uhr muss ich im Bett seine Cousine kann ausschlafen.

Aber ich – ich komm doch sonst am nächsten Morgen nicht zu mir sagt er keinen Ton von wegen, dass er sie mitbringt seine Cousine mit der kann ich sowieso nicht einen Piep am Telefon, dass er mich mal fragt! Ob es mir recht ist ja klar, dass ich dann Nein sage.

Also fragt er mich nicht, nur dass er aufgehalten ist auch gleich da ist diese Frau dabei krieg ich den Bernd zum Tanzen und sowas ich gern mache ich mich zurecht, warte ab acht Uhrsprünglich wollten wir noch früher los.

---

122 ⊢→

```
P            A
R            A
N     E      U
E            S
─────────────────
V     O      N
B     E      R
N            D
─────────────────
S     P      R
A     C      H
R     A      L
L     Y      E
      2
```

Um viertel vor Zehn Minuten, hat er gesagt. Da denke ich natürlich kenne ja Bernd lässt mich eine geschlagene Stunde warten! Und bringt diese Frau mittlerweile müsste er wissen, dass ich mal mit ihm allein wie die sich zurechtgemacht hat natürlich Knete.

Die wickelt sich erst 'nen Geldschein um den Finger und dann Bernd. Tanzt natürlich den ganzen Abend mit seiner Cousine.

Die haben sich amüsiert! Und ich sitze da glaubt man doch – einmal hat er mich gefragt, ob ich mit ihm tanzen möchte ich nicht, hab ich ihm gesagt seine Cousine natürlich gleich:

Lass sie doch.

Um zwölf Uhr, haben wir verabredet, bin ich wieder zuhause, dachte ich guck auf die Uhr und sage:

Bernd, kannst du mich jetzt bitte, mach kein Trara, fährt der Kerl mich an der Stelle bin ich ausgerastetwas vertrage ich nicht, dass mir das was ausmacht der seine Tänzchen eben mit seiner Cousine will er das Geld aus der Tasche ziehen die doch besser gleich ohne mich los.

Wenn er sowieso nur mit ihr tanzt er eben mit ihr und kümmert sich aber dann auf meine Kosten großtun und über mich herfallen!

Von wegen: Ich bin es – ich mache mich lächerlich würde den beiden Abend vermieSense!

Da war ja dieser Kerl, der hat mich immer von der Seite angeguckt so und lächelt, als versteht er dass er das kennt mich aber gar nicht.

Und das hätte ich machen sollen die doch tanzen, wenn die Lust dazu haben sich ja prima unterhalten sie mich meinetwegen für altmodisch, aber ich kann das nicht, dass mir der nicht gefallen hätte ich da einfach zurückgelächelt und wie das so ist ja auch nicht die Welt.

Und das mache ich das nächste Mal auch wenn Bernd dann lass ich mir das egal sein Gesicht möchte ich dann mal sehen, was er davon hält mich für knieserisch und dass ich ihm nichts gönne ich ihm das dann aber mal sehen!

Ob das so einfach geht das nicht mit mir hat er das jetzt das letzte Mal gemacht ihm ja vielleicht nichts aus, wenn ich dann mal mit einem anderen tanze ich wenigstens.

Das hat er dann davon mir aus soll er doch mit seiner Cousinee, das können sie mir glauben:

Nicht noch mal!

DEIN
ARSCH

Dein Arsch

Hat meinen Glauben zerstört
Dass die Dinge ganz sind
Und ungeteilt

Alles lacht, tanzt und jubiliert
Alles ist heiter

Nur dein Arsch
Diese Skepsis!

DER AMEISE

125 →

Sie trug sechs Plüschschuh
Ein Geschenk der Mama
Schuh nicht zum Schnüren
Denn dieses war
Ihr ein Graus

DER AMEISE

Verständlicherweise

Du kannst an Insekten wohl Füße finden
Doch keine Hände, um Schleifen zu binden
Auch an Sandalen, so welche zum Schnallen
Finden Insekten nur selten Gefallen

Sie lieben das Komplizierte nicht, nein
Sie schlüpfen gerne einfach hinein
Morgens, den Schlaf noch in den Facetten
So einfach raus aus den Betten

Und im Nu
In die Schuh

Ach, wie schön ist diese Welt
Wenn's den Füßen gut gefällt

Ob nun Mensch oder Insekt
Wenn der Fuß in Schuhen steckt
Der Schuh zudem aus Plüsch gemacht
Das hat sich wohl auch die Mama gedacht

DER AMEISE

Sie ging auf die Reise
Über Stock, vorbei an Steinen
Eins, zwei, drei
Vier, fünf, 6 Plüschschuh an den Beinen

Nochmal der Refrain:

Ach, wie schön ist diese Welt
Wenn's den Füßen gut gefällt

Ob nun Mensch oder Insekt
Wenn der Fuß in Schuhen steckt
Der Schuh zudem aus Plüsch gemacht
Das hat sich wohl auch die Mama gedacht

DER AMEISE

Da kam auf die Schnelle
Eine Libelle

Mit Flügeln, so kleinen Klavieren
Mit denen flog sie grad' mal spazieren

Als sie die Ameise
Wie sie so leise
In Plüschschuh'n spazieren ging, sah

Hollala!
Was hast du für schöne Schuh?

Ist das Plüsch? Sag an
Wo man einfach reinschlüpfen kann?
Wo man keine kalten Füße kriegt
Wenn man fliegt?

Die Ameise nickte und gab zu:
Plüschschuh

Neid durchzog der Libelle Gesicht
So was Schönes besaß sie nicht

Unbekleidet
Friert der Fuß und leidet

Sprach die Ameise auch noch dumm
Stolzierte stolz im Kreis herum
Um die Libelle
Die auf der Stelle
Seltsam reglos stand, zu erfreuen

Ameise, Ameise
Das sollst du bereuen!

Ameise, Ameise - Siehst du nicht
Die Blässe im Libellengesicht?

Flieh wie nie!
Flieh wie nie!

Schuh wie du ...

Drang's aus der Libelle leise
Schuh wie du ...

Eine kleine miese Ameise
Hat Schuh
Und ich schau seelenruhig zu?

Schuh wie du!

Ich bin der Insekten Königin
Wie kommt es, dass ich barfuß bin?

Schuh wie du!
Schuh wie du!

Ein kleiner gemeiner Ameiserich
Soll besser bekleidet sein als ich?

Schuh wie du!

Hallte der Schrei des fiesen Viehs
Dass sich nicht beruhigen ließ

SCHUH WIE DU!

Nein! Nie
Werd ich die Schuh dir geben!

So gib mir, Ameise, dein Leben!

Im Zangengriff der Libelle
Kam der Tod auf der Stelle
Der Panzer brach, die Lebenskraft
Quoll heraus als gelber Saft

Dann sah man aus dem Chitin
Des Insektes Seele flieh'n
In den Zügen bitt'res Leid
Ob der Ungerechtigkeit

Gram
Dass man ihr die Schuhe nahm

DER AMEISE

In einem fernen Territorium
Irgendwo
Krabbelt ein kleines Gespenst herum
Das leidet so

Dieses ist, so heißt
Es, der Ameise Geist

Sie findet keine Ruh
Krabbelt überall herum
Und flüstert immerzu

Plüschschuh
Plüschschuh ...

D

W

D

U

D

T

E

I

E

E

N

I

N

TÄ

E

I

E

N

I

N

R

D

R

D

E

Z

R

N

EIN LIED
—

CHOR:	Witter, witter – es wittert im Wald Der wilde Widder, ein Gewitter kommt bald
	Bawamm ... Bawamm ...
SOLO:	Links ein Baum und rechts ein Baum Und man sieht die Sonne kaum In der Mitte still und leise Schleich ich mich durch eine Schneise
CHOR:	Witter, witter ...
SOLO:	Plötzlich vor mir eine Lichtung Steht ein Tier in meiner Richtung So ein Bock – ich hab kein' Bock Auf ein Gerammel mit 'nem Hammel
CHOR:	Witter, witter ...
SOLO:	Dunkel wird es, finster, düster Und der Hammel hebt die Nüster Hinter ihm – ich denk, ich spinn Steht 'ne holde Tänzerin
CHOR:	Witter, witter ...
SOLO:	Höflich mach ich meinen Diener Und da nickt die Ballerina Plötzlich kracht es und krawallt Knallt im Wald es mit Gewalt
	Donner durch die Bäume hallt!
CHOR:	Bawamm ... Bawamm ...
SOLO:	Der Widder scharrt mit seinen Hufen »Ui«, hör ich ganz leis es rufen Schau zu meiner Primadona
TÄNZERIN:	Das war aber ein prima Donner!
CHOR:	Witter, witter ...
SOLO:	Hängt ganz zart, grazil – die Arme Hier erschrocken mir am Arme Es war Liebe – doch Babett Ging zurück in ihr Ballett
ALLE:	Es war Liebe – doch Babett Ging zurück in ihr Ballett
	Bawamm ... Bawamm ...

L I E B E
(ZUR WINTERZEIT)

Im Winter frieren
Die Viren
Streben ohn' Erbarmen
Zum Warmen

Hocken sich in Nasen
Und Hälse
Da liegt sie krank
Die schöne Else

Und hustet, schnieft
Sie jammert und trieft
Du schöner Elsemund

Ich werd dich küssen und
Wir jammern zu zweit
Das ist die Liebe

Zur Winterzeit

o. T. 4

Als Tropfen auf dem heißen Stein
Möcht' ich nicht gefallen sein
Doch mit dir und nicht allein
Wir verdampfen froh zu zwei'n ...

Mmh ...

Lass mich kurz
noch einmal nachdenken.

o. T. 7

Zu jedem Messer braucht's ein Heft
Zum Kauf von Hosen ein Geschäft
Blumen gibt es in der Wildnis frei

Dann gibt es noch das Hirschgeweih
Das braucht kein Hemd und keine Blusen
Aber

Einen Maurerbusen

SAGE

131 →

Also, jetzt haben Sie bestimmt eine Wissenslücke
Die kann ich ja gleich mal ausbügeln:
Ein Pegasus, das ist ein Pferd mit Flügeln

Aus der griechischen Sage

Na ja, und mit
So einem Schwingenrappen ritt
Ein Oger

Jetzt gucken Sie mal nicht so dösig
Das ist ein Riese auf französisch

Über den Mittelharz
Rappen kennen Sie ja wohl?

Auf Schusters Rappen
Dann sind die Stiefel schwarz

Jetzt hat er's

Und da saß unter einer Pinie
Eine Erinnye
Tat so, als ob sie schlüfe

Pinie erklär ich jetzt aber nicht

Erinnye
Das ist eine Hieroglyphe

Wieder griechisch: Göttin der Rache

Also, wenn ich jetzt schon mal
Auf gebildet mache:

Furie – das ist Latein
Und dasselbe gibt es auch auf persisch

Aber das lass ich jetzt mal sein

Sonst kriegen Sie einen Schwummer im Kopf
Und das Gehirn klappt um

Plötzlich macht es ›Wumm‹

Und ein Dschinn
Das ist so ein Ding
Aus einer Flasche

Jetzt guckt der schon wieder so umgeschmissen
Das muss man wissen
Also, ein Geist aus einer Limonade

Kennen Sie Scheherezade?

Die hat sich ja auch Nacht für Nacht
Immer so neue Geschichten ausgedacht
Wegen des Kalifen – egal

Also, der Oger findet die Flasche
Hat die Brause noch gar nicht entkorkt
Und wie er sich freut
Jetzt hab ich ausgesorgt

Ein Knall!

Der Pegasus scheut
Kriegt Zuckungen, so epileptisch

Jetzt sind Sie bestimmt schon
Ganz schön skeptisch

Was soll das?

Jetzt muss ich einen kleinen Umweg machen
Sonst verstehen Sie nix

Fest heißt fix
Auf astronomisch

Wenn ich auf gastronomisch
Was zu essen bestell
Dann heißt fix schnell

Und das hat der Pegasus missverstanden
Der Oger wollte nämlich weg
Wegen des Dschinns

Und da hatte die Erinnye die Hände im Spiel

Wegen der Sphinx!

Löwe-Frau auf ägyptisch

Und da wurde die Sache für den Oger
Apokalyptisch

Die Erinnye hat ja die Aufgabe
Eine Rachegöttin zu sein
Und die Sphinx
Und darum ging's:

Die war ja an sich die Braut des Dschinns
Und der Oger hat mit ihr
Für ihn war es nur ein Spaß
Während der Dschinn in seiner Limonade saß

Sie wissen schon – ein kleiner Seitensprung

Aber die Sphinx hat das ernst genommen
Und so ist das alles gekommen
Davon handelt die Sage:

Rache

Was man ja zuerst gar nicht denkt
Wie das so alles zusammenhängt

Was dem Oger passiert
Das hat die Erinnye alles so inszeniert

EPISODE

134→

(IN MOLL)

Ein gut Betuchter – niemand wusste
Wovon so gut betucht er war
Dass er sich nicht sorgen musste
Es waren immer Tücher da

Bis eines Tages eine Dame
Sie war so schön – und knapp betucht
Warf flehend sich in seine Arme
Rief:»Rettung, helft! Ich bin verflucht

Kein einzig Tuch hält mir am Leibe
Bis auf das eine – hier, dies kleine
Ach, schaut mich an!«

Er tat's
Und nahm sie gleich zum Weibe
Und sie nahm ihn darauf zum Mann

Sie war die schönste aller Frauen
Sie hatte Sex – nein, mehr: Sieb'nappeal!
Sie war so herrlich anzuschauen

Und er ... Er hatte Tücher viel

Was ihr, so sprach sie, nichts bedeute
Da keines an ihr haften blieb
Was jeden Tag ihn neu erfreute
Er hatte sie – und ›es‹ auch lieb

Die Knäppe ob des argen Fluches
Dass sie so bös verzaubert ward
Die Not des einen, kleinen Tuches
Besonders, wenn sie's waschen tat ...

Und die Moral: Es war gelogen
Sie blieb bei ihm ein Jahr – und er
Hat Tuch nach Tuch ihr angezogen
Und hatte keine Tücher mehr

Zum Schluss – es fiel ja jedes runter
Zu Boden, sie hat's aufgeräumt
In eine Truhe ...

(KLICK)

Zugeschlossen

Und der Traum der Liebe
War ausgeträumt

Sie ging, reich beladen
Am Leibe trug sie nur ein Tuch
Den Rest, den trug ein Möbelwagen
Soviel zu ihrem bösen Fluch

Nun war es seiner
Er hat ja nur an sie gedacht
Und fühlte sich allein, dann noch alleiner
Und dann ... hat er sich umgebracht

Nun – es war ein Versuch
Er hatte noch ein einzig schmales Tuch
Doch das war spröde

Er war sogar
Zum Suizid zu blöde

Na ja ...

Ein knapp Betuchter – jeder wusste
Warum so knapp betucht er war
Dass er nun böse leiden musste
Es war ein einzig

(NEIN, ZWEI – ES WAR JA ZERRISSEN)

...

(EGAL)

... Tuch noch da

Das hing ihm knapp um seine Lenden
So traf er eine reiche Frau
Und dacht', sein bös' Geschick zu wenden

Doch ...

Er war dick, zweiundfünfzig ...

G U

T E R

R A T

Leide nicht, als ob's was brächte
Denk das Gute, nicht das Schlechte
Alles Glück ist nur gelieh'n
Was wir jagen, wird uns flieh'n

Schweif nicht in die weite Ferne
Greif nicht nach der Himmel Sterne
Und iss jeden zweiten Tag
Einen Löffel Magerquark

D I

L E

M M A

Ich lieb dich, ich lieb dich nicht
Ich kann mich nicht entscheiden
Ach, der Rose Blütenblatt
Muss böse daran leiden

Rupf rupf rupf ...

PROFESSION

Wie die Notdurft ich verrichte
Setz ich oft mich hin und dichte
Fleiß ist der Poetik Schlüssel
Endlich liegt was in der Schüssel
Kam was Hübsches raus dabei
Den Rest des Tages hab ich frei

Wenn mich dann die Muse küßt
Und ich nochmal dichten müßt
Sag ich nicht: Ich hab heut schon
Das verlangt die Profession
Nein, da dichtet der Poet
Wie der Arzt zum Notfall geht

Ohne Aufschub! Im Gedärm
Kullert's, bullert's und macht Lärm
Ein Gedicht, und das will raus
Also geh ich schnell nach Haus
Um – der Nachwelt zum Entzücken
Dieses artig auszudrücken

Ja, es ist dem Dichterleben
Manche schöne Freud gegeben
Ob die Verse unversehn
Auch mal in die Hose gehn
Oder böser Neid entbrennt
Um des Dichters Exkrement

Letzlich ist es eine Lust
Hab ich wieder mal gemusst
Kann es manchmal gar nicht fassen
Was ich Großes losgelassen
Ich geh für kleine Königstiger
Komm zurück – und ich bin Sieger

138 →

ERLEBNIS MIT LÄUTEN

1. Am Wegesrand - an geheimer Stelle
Stille stand - eine Kapelle

Mit einer Or - gell? Mit so viel Pfeifen
Und ein Chor, die Frauen mit Schleifen
Die Männer hatten Krawatten

O, wie drang, wie klang der Gesang
Licht + helle aus der Kapelle

Ich verhielt den Schritt
Und sang/k mit
Schwacher Brust
Nieder - biss ins Gras

Das war's

---

2. Dachte ich, schon gar zufrieden

Da ward ein weiter Glück beschieden
Mir

Antwort von oben! Von den Himmeln
In den Gesang! Ein hehres Bimmeln
Bronzenes Klingen in das Singen
Ein Frohlocken

Unter des Turmes Spitze hingen
Sie(h)!

DIE GLOCKEN

Mai!

(das war bayerisch)

---

3. Festgemauert in der Erden
Fertig dann, gehängt zu werden
Hoch im Dachstuhl angebunden
In den Wolken halb verschwunden

Schlugen! Sie mit ihren Tönen
Uns zu mahnen, zu versöhnen

Schlugen! Hoffnung, Friede vor
Mit der Orgel, mit dem Chor

Schlugen! Diese heil'gen Gegenstände
Voller Kraft und ohne

Ende

---

4. Ist es noch immer nicht genug?
Narrt mich Traum? Narrt mich Spuk?
Klingen Obön?

Huben da nicht gerade Tuben
Bässe an - und Harfen
Träum ich?

Bin ich eingeschlafen? Oder was?

Trompeten, Antilopen, Geigen
Bongos, Celli, Mandolinen
Becken, Fanfaren, Percussion

Auf einmal überraschen
Mich Spinette
Da! Hinter der Kapelle!

Drei Ballette!

Das ist mir noch nie passiert
Dass eine Kapelle
Mit so viel Musik und Läuten
An mir vorbeimarschiert

---

5. Am Wegesrand - an geheimer Stelle
Stille stand - eine Kapelle

Die sich erhob - dort wo sie stand
Da steht nun nichts - am Wegesrand

So sind Kapellen

Ob Moskau, Prag, Stadthagen, Wien
Sie müssen immer weiterzieh'n

Wohl dem, der's einmal hat geschaut!
Es ist so reich, so schön - und laut
Es rauscht vorbei - Mensch!

Reih dich ein!
Der Ihren einer froh zu sein
Es rasselt, singt und jubelt - Toast!

Dazu ein gutes Lager und
Prost!

V E G
E T
A R I E

Ach, ich war so böse deprimiert
Ich fühlte mich so dick und fettig
Da kam Gemüse anmarschiert
Und rief: »Ich Rett'dich!«

Das war – ich fuhr nach Sumatra
Weil ich so deprimiert ja war
Wusst nicht: Es fährt mit mir
Ein blinder Passagier

Fährt mit in der Kombüse
Ein schlankes, schön Gemüse
Geschehen draußen auf dem Meer
Ich wollte, wollte ja nicht mehr

Um meiner Seele Frieden
Ich wollt' mich suiziden!

Ein Rettich sprach: »Ich Rett'dich!« – ja
Und ob er auch aus Polen war
Und sprach das Deutsch nicht gut
Ich fasste neuen Mut

Ich nagte jeden Morgen ja
Am Rettich, bis ich schlanker war
Habt dann ihn auch gefreit
In Sumatra aus Dankbarkeit

Die Ehe hielt noch sieben Tag
Er war so schön, er war so stark
Doch dann – dann war er nicht mehr da
Weil ich so leidenschaftlich war

Das ist der Liebe Verschleiß
Ich weiß

Er kam als blinder Passagier
Und blieb für immer – ja! – bei mir
Ich wurd' sein Grab, ich war sein Tod
Doch war so böse meine Not

Ich hab sein Leben gestohlen
Er war ein Rettich aus Polen
Ich traf ihn auf dem weiten Meer
Ich liebt' ihn Soja, Soja ...

Soja sehr!

← 141

Gleich sich windenden Schlangen
Heimlich, im Dunkel der Nacht

Vertraue mir

Wir sind zu weit hinausgegangen
Die Flut erwacht

Ich hole Hilfe, du bleibst hier

**Muss der Mensch sich arg entscheiden
And're oder sich zu leiden
Ist ihm herzlich zu empfehlen
Doch der andern Leid zu wählen**

Aus: Kröhlmann, 1998

ZOMBIE

Ich war ja jetzt in so einem. ›Zombie – die Rache der toten Eingeweide‹.

Das war aber auch eine Rache!

Ich meine, das fing schon damit an, dass ich als Erstes den ehemaligen Chef von mir getroffen habe. Der war da auch drin.

Ich weiß nicht, was der da gesucht hat. Von wegen diese toten Leute mit den übermüdeten Augenrändern ... Ich hab da auch mal gearbeitet. Wenn der ins Büro geht, das kann der jeden Morgen haben.

Obwohl – da waren schon grausige Stellen. Auch nicht etwas für jeden, wenn diese Zombies – die Statisten waren noch gar nicht richtig tot, da haben die schon bei lebendigem Leib mit den Krallenfingern immer rein in das offene Fleisch und dann: »Guten Appetit, Herr Konsul!«

Den Zombies hat das gefallen. Aber mir hat das nicht gefallen. Da muss man wahrscheinlich Zombie sein, damit das einem gefällt. Ich meine, Fantasie ist ganz gut, aber man ist ja auch empfindsam.

Da war eine Stelle in dem Film, da wäre ich am liebsten ...

Da sind einem Zombie beim Laufen die Einzelteile auseinandergefallen und die haben trotzdem alle weitergelebt – und da stand dann da so ein Zombie hinter einem Mann, der hat gerade Kaffee getrunken, und dem Zombie ist ein Auge in die Kaffeetasse gefallen.

Das muss man sich mal vorstellen! Du sitzt, du trinkst gemütlich Kaffee, du denkst, niemand guckt – und dann guckt der Kaffee!

Da habe ich auch gedacht: Man sollte, bevor die Menschen in so einen Film gelassen werden, einen Sensibel-Test mit denen machen.

Und dann: Wer nichts merkt, der kommt rein

Weil – für die Menschen ist das richtig. Da können die wieder Gefühle entwickeln, da ist der Film so eine Art frohe Botschaft: Ich bin noch da!

Wenn da so ein abgetrennter Arm durch die Botanik krabbelt, auf der Suche nach dem ehemaligen Rumpf ...

Mein früherer Chef, der hat da gelächelt. Da bin ich ganz sicher. Wie so die Zombies auseinandergefallen sind und die Einzelteile haben trotzdem weitergearbeitet.

Und da verstehe ich auch so einen Film und dass die Menschen sich das angucken: Wenn alles tot ist und die Gefühle und so, die sind weg, aber die Hände befestigen eine kleine Mutter an einer Schraube, und danach befestigen sie eine kleine Mutter an einer Schraube, und danach befestigen sie eine kleine Mutter an einer Schraube ...

Und am Abend, da gehen die ins Kino und grüßen ihre Leidensgefährten.

Also, ich hab das ja nicht geschafft. Dass ich die ganze Zeit da hingucke, wenn das so gespritzt hat.

Aber – ich geh da noch mal rein.

Weil – so ein Film, das ist ja irgendwie wie das Leben. Das ist ja auch nicht nur gemütlich. Und da, finde ich, soll man nicht wegucken, sondern hingucken. Zum Beispiel einen Verkehrsunfall, den guck ich mir an! Das ist das Leben.

Hingucken! Und wenn der Kaffee zurückguckt, egal.

Ich geh da noch mal rein.

S C H
L E N
K E R
D I E
B Ä N K
E R

EIN LIED

1. Geld regiert die Welt – ob's dir gefällt, ob du es magst, ob Marx es mag – Ich mag's
Nicht einen Deut – sie sind brutal, die Leut – total brutal, legal – egal
Mit tausend Tricks, da hilft dir nix – hilft keine Wut, nur ruhig Blut – nur Mut!
Wird alles gut, komm mit! Wir geh'n zum Geldinstitut. Spaß muss sein!
Ich geh zur Kasse, fass'se - lass'se wackeln – das ist cool! Come on!

Refr: Schlenker die Bänker – Spaß muss sein
Schlenker die Bänker – Fass'se ans Bein
Schlenker die Bänker – rundherum
Schlenker die Bänker – schudeldum

2. Geld, das ist der Held – ob's dir gefällt, ob du es hasst, weil du's nicht hast
Verdammt! Ich bin, was ich besitz? Was für ein Spaß, ein Witz – ich brech kaputt
Du bist 'ne Couch, autsch! Bist, was du hast – ein Portmonee – so richtig fett
Mach auf, guck raus!

Mann, Typ – die Welt ist schlecht, das Geld hat Recht, da wird geblecht und – zack!
Ist alles klar, na ja – so ist das eben, ist das Leben, ist ein Dschungel voll Gekungel
Tausch - Rausch - was zählt, das ist der Schein - du sollst artig sein? Nein!
Lug, Betrug, wer's hat, der hat's, die Hatz nach Geld, es ist pervers – wie wär's?
Lass uns geh'n, du wirst schon seh'n – Spaß muss sein! Ab zur Kasse, fass'se – ja
Nicht lange fackeln, lass'se wackeln – das ist cool. Come on!

Refr: Schlenker die Bänker – Spaß muss sein ...

3. Ist halt so, ok – ich geh, hab keine Zeit, es tut mir leid, es ist schon spät, ich hab'n Date
Ich guck nach meiner Mutter, Mann – die schmeißt mich wieder voll, was das soll
Ich geh sie besuchen – Kaffee, Kuchen – und dann krieg ich Tupper mit… Essen
Eingekochtes, nie Gemochtes, Braten, alle Arten Vortisch, Nachtisch, Käse, Brot
Die wirft mich tot – warum?!

Bloß weil ich mal komm und da'ne Ecke lunger? Hat die Angst, das ich verhunger?
Mann, ich wünsch ihr alles Glück, ich geb's zurück – retour! Das ist gut! Nur Mut!
Ich zahl's ihr heim, das Gemäste – nur das Beste – immer rein – Spaß muss sein
Pizza, Nudeln, Schweinsbaguette – richtig fett. Das ist cool. Come on!

Refr: Fütter die Mütter – Spaß muss sein
Fütter die Mütter – immer rein
Fütter die Mütter – rundherum
Fütter die Mütter – und später:

Später die Väter – Spaß muss sein
Später die Väter – Immer rein

Alle haben Angst, alle wollen Rente
Ich will meinen Spaß – und ich mach den Scheiß nicht mit! (7x)

»WIR
SIND
WAS
WIR
SIND, ABER
WIR
WISSEN
ES
ZU
SELTEN.«

FREIE
FREIERS
FÜSSE

CYCLUS ZUR LYRA

147 →

FREIER
ERS
FÜSSE

Ich lege einen Pelz um dein Herz
Du wirst weiter frieren
Erzählst mir von Ewigkeit
Und gehst

B   E
G   O   N
N   E   N

Der Kellner brachte dich auf einem Tablett
Gemeinsam mit deinem Namen
Einer Empfehlung

Einem Nicken
Dass alles gut sei

Also setzten wir uns in die Nacht
Tauschten uns aus

Du erlaubtest meine Müdigkeit
Wir schenkten Zeit nach
Vertrauten uns unsere Nachteile an
Unser Scheitern

Der Preis erschien mir nicht zu hoch

DA NACH

Ich hatte meine Kraft vergessen
Bin lange nicht mehr so rauschend zart
Über die Lande gestiegen

Bauch und Traum, Atem und Brust
Arme so schmal
Und doch nicht zu halten

Du liegst
Schläfst

Es wird Zeit
Dass ich meine Kleidung sammele
Und besser keine Versprechen

Sie sind eingelöst

←149

NEBENHIN

Ich habe nicht gezögert
Ich war bei mir

Wenn nicht ich
Dann ein anderer

Es gab die Möglichkeit

Also bin ich nächste Tage
Wiedergekommen

Habe die Gleichgültigkeit
Noch einmal nachgefragt

Zufällig
Warst du frei

UGLAUNBE

Du bist wiedergekommen
Lachst in meinen Zimmern

Hört die Gegenwehr auf
Werde ich dich lieben

Wie dumm

Die Tragik einer Geschichte
Die wir
Mit unseren Armen wärmen

Wir küssen uns
Mit geöffneten Augen

Für die Erinnerung

WEITRERIESE

Wenn ich
Die Gardinen um ein Weniges öffne
Wird es klar

Draußen
Ist längst schönster Morgen geworden

Soll die
Traurigkeit mich doch fangen
Ich öffne die Hände
Gebe mich frei

Schaue dich an
Esse ein letztes Bild von dir
Wahre den Zauber

Und verschwinde

AUF BRUCH

Ich bin dein Winterglück
Du hast eine Schwalbe gefangen

Jetzt plapperst du von Sommer
Und ich lache

Bin schon bereit
Einen weiteren Tag zu verschenken
Mit Sonne

KLIPP ENLIEBE

Glaubst du
Es wird ein gutes Ende haben?

Ich bin dein feistes Begehren
Du bist mein schmales Glück
Ich lege Verlangen an deine Schultern

Du legst den Kopf an meine Zweifel
Gibst ihnen Recht, mühelos

Und da noch Zeit ist
Reißen wir die Nachtfenster auf
Erzählen uns unsere Lügen

Wärmer, heller, mächtiger
Als alle Ehrlichkeit

←| 151

D E M
N Ä
C H S T

Es ist wieder Januszeit

Du schaust vor
Ich schau zurück
Dann wechseln wir die Ansicht

Und schon stehen wir Auge in Auge
Kuss an Kuss

Das wiederkehrende Wunder
Eines Irrtums

Demnächst
Sind uns unsere Gesichter im Weg

W U N
D E R
L O S

Du bist gegangen
Ohne ein Wort
Ich bin geblieben
Tausend Reden

Es ist wieder Schwerterzeit
Ich mit mir
Du schläfst draußen in anderen Armen
Sorglos ein

NACHTS

UNERLÖSTE TAGE

Also ist es mir
Nicht gelungen

Du bist mir teuer geworden

Schuldest mir ein Wort zur Nacht
Besser ein Lied

Was für ein grausamer Gedanke!

Du schönstes Wesen
Du Glück und Sucht
Die Kunst deiner Bewegung war groß

Nur komm nicht wieder
Und sing

← 153

Ich werde deine Schönheit bewältigen
Schneller als die Zeit
Zur Not suche ich deine Mängel auf
Nicht deinen Reichtum

Und sterbe
An deiner Freiheit, deiner einfachen Art
Mich nicht zu lieben

Unerlöste Tage

Bis endlich
Das Geschnatter um deine Brust ver-
klingt
Ich werde wieder Phoenix sein

Sonnenverbrannt

Es gibt keine Vereinbarung
Ich bin frei

Ich kann tun und lassen
Und lieben
Wann und wie ich will

Nur wen

Da hast du dein Gesicht vorgenagelt
Deine unglaubliche Gelassenheit
Deine Gestalt

Und
Meinen Finger
In Deinem Mund

R   A

G   E

Noch gehe ich fremd
Bin bei dir

Werfe mich auf andere Leiber
Andere Gesichter

Kann ja sein, dass die Nacht
Zu zaubern vermag

Ich bin nicht der Einzige

Wir schlafen miteinander

Träumen

Wer als erster erwacht
Hat verloren

GEFLÜSTERT

K   E   I
N   E
E   R
I   N
N   E   R
U   N   G

Du gehörst mir

Ich habe deinen Willen gedunkelt
Erhöht
An den Nachthimmel gestellt

Du folgst einzig meinem Verlangen

Auf deiner Stirn
Steht mein Name geschrieben

Niemand sieht deine Schönheit
Es sei denn
Dass ich sie entblöße

Deine Verzweiflung ist mein Glück

Lass uns noch einmal beginnen

Ich bin ein anderer
Du wählst einen Namen
Wir sitzen getrennt

Dann und wann sehen
Wir uns an

Wir vergessen uns

Ich möchte
Noch einmal besiegt werden

Vielleicht
Dass es nicht gelingt

DER GUTEN TON

Ob es für ein Ende
Einfacher wäre
Dir ins Gesicht zu sagen:

»Nein!«

Ob wir uns wieder begegnen könnten
Schweigend

EGAL

Dann kamst du wieder

Deine Brust noch immer reich
Dein Auge Reh
Dein Lächeln sicher und weit

Dein Fuß in der Tür
So wie immer
Und ich war wieder
Bereit

Es ist egal

Ob ich mich auffresse
Vergnüge oder weine
Strampele zur Nacht

V E R
B O T E

Du Wesen wunderschön
Verstehst du, was ich sagen will?

Verbote leben von dem, was sie verbieten
Sie sterben, wenn niemand sehnt
Ihren Schatz zu bergen

Sie sind wie Götter
Ewige Drachen
Die wir mit unseren Träumen füttern

Ich denke, wir sind uns einzig begegnet
Weil alles gut war

Meine kluge Zeit ohne Glauben
Hat dich hungrig gemacht

G   E
S   T
E   R   N
G   L
Ü   C   K

Wie lange braucht ein Unglück
Bis es fliegen lernt?

Dreh ich mich nach links
Fehlt deine Haut
Dreh ich mich nach rechts
Fehlt dein zweifelnder Blick

Ich liege schlaflos
In Sicherheit
Dass alles richtig ist

Schon so viele Tage

Ob es hilft
Noch etwas zu scheitern?

← 157

A M
E N
D E

Ob es möglich ist
Meine Liebe zu dir in Freundschaft
Zu verwandeln?

Die drei, vier Jahre
Die es braucht
Besitzen weniger Bedeutung
Als du

Mag sein

Deine Kälte wird uns schützen

DER FRASS

159 →

In einer Küchenecke saß
Ein böser, schlimmer Dosenfraß
Der ausgebüchst – er war es leid
Mit dem Ziel der Ewigkeit
In einer Dose konserviert

Man sitzt so da und nichts passiert

Nein, die Dose aufgebrochen
Tapfer in die Welt gekrochen
Für den Preis der Lebensfrist
Die ausgebüchst nun kürzer ist
Dafür doch an Leben voll

Das gefiel dem Fraß – jawoll!

So schaute er ein letztes Mal
Zu seiner Dose im Regal
Er las – (wie gemein!)

DIESER FRASS KANN TÖDLICH SEIN

»Ein Grund mehr! Wenn's so ist
Dann will ich auch, dass wer mich frisst!

Und dann enden wir zu zweit
Vereint ... In Vergänglichkeit
Der Esser und ich
Wir sind böse – gemeinschaftlich

Ein fetter Kerl ... Ein dürres Weib ...
Sie schütten mir Soße über den Leib
Schlagen ihr Besteck in mich hinein ...

Und dann, ja – dann bin ich gemein
Gebe im Magen mein Leben dahin
Und nehme sie mit!

Ja ... Das macht Sinn!*

Auf denn! So wollen wir mal
Ist hier irgendwo ein Gourmet-Lokal?«

Sprach der Fraß, zum Schlimmsten bereit
Doch kam nur wenige Fliesen weit
Grad bis zur Tür – die Putzfrau kam
Die einen großen Feudel nahm

Na ja ...

In einem Abfalleimer saß
Ein böser, schlimmer Dosenfraß

Es war schon richtig

Es ist manchmal wichtig
Die Freiheit zu riskieren
Du kannst gewinnen oder verlieren ...

Doch hast du verloren – die Moral
Es war besser in der Dose im Regal

Nein ...

Träumen kann gefährlich sein
So wie ein Dosenfraß. Jedoch
Ist jedes Träumen besser noch
Jeder Aufbruch – als in Sicherheit
Mit dem Ziel der Ewigkeit
In einer Büchse eingesperrt

Die Freiheit ist das Scheitern wert!

Und sagen die andern »Siehste!« – egal!
Kommste raus aus dem Eimer
Probier es noch mal!

* Sicherlich: Sinn wird nicht »gemacht«. Aber zuviel sprachliches Bewusstsein darf von einem Dosen-fraß nicht erwartet werden.

DIE ALM

Einsam liegt die Alm im Qualm
Und es war ein Schachtelhalm

Der in dunkler Almesnacht
Dort ein Feuer hat entfacht
Zum Proteste, alldieweil
Er so wütend und so geil

Auf der Alm, da gibt's koa Sünd?
Doch! Wenn ich die Alm anzünd'!

DER SPECHT

Es war dem Specht
Entsetzlich schlecht

Darum nahm er Tropfen
Jetzt kann er wieder klopfen

161

HAMMERFEST

EIN LIED

162 ⟼

1. Mama, hol den Hammer, ich möcht glücklich sein
Mama, laß uns losfahr'n, pack den Hammer ein
Heute ist ein Tag wie jeder Tag
Doch morgen geht es los, geht es Schlag auf Schlag

2. Mama, hol den Hammer und hau feste rein
Mama, ich bin sicher, du wirst Beste sein!
So wie du – niemand hat diesen Schlag
Morgen geht es los – Mama, oh! Du bist so stark

REFR.: IN HAMMERFEST
IST EIN HAMMERFEST
HALT DEN HAMMER FEST
UND HAMMER FEST

HAU GANZ FESTE REIN
DU WIRST BESTE SEIN
NIEMAND SCHLÄGT SO ZU WIE DU!

HAU DEN NAGEL IN DAS HOLZ
MAMA, OH! ICH BIN SO STOLZ
NIEMAND SCHLÄGT WIE DU SO ZU!

3. Gibt so viele Lieder ohne Saft und Kraft
Dieses Lied von Mama, das hat Leidenschaft
Denn ich bin so stolz – und so sing ich mein Lied
Morgen ist der Tag, wo es jeder sieht

4. Mama nimmt den Hammer und dann haut'se rein
Keine ist wie Mama, keine haut so fein
Heute ist ein Tag wie jeder Tag
Doch morgen geht es los, geht es Schlag auf Schlag

REFR.: IN HAMMERFEST
IST EIN HAMMERFEST
HALT DEN HAMMER FEST
UND HAMMER FEST ...

ÜEDZI

BREET

164 →

GERN MIT GEREICHTEN KARTOFFEL CHIPS

Ich denke, es ist angemessen. In einer Zeit der Computer, im Zeitalter der Informationen ...

Chips – die Orte der Erinnerung. Orte der Sicherheit, wenn es nicht gerade zu einem Absturz kommt ...

Speicherorte der Erfahrung. Der Wahrheit ...

Alles, dessen wir uns sicher sein können. Was wir erfahren haben. Was sich tatsächlich betragen hat. Gespeichert als Erinnerung ...

Das Gestern.

Oder auch: Das GeStern. Die Fixsterne der Vergangenheit. Was war, wahr war.

Darum heißt es: War. Es war wahr. Darum sagen die Jugendlichen auch »Wa«. Wenn sie sich versichern.

Sie fragen nach der Wahrheit: »Is Klasse, wa?«

Die Sicherheit des GeStern. Was war, war wahr. Was sich sicher vergangen hat – an uns ...

Und was da wäre ...

Was da wäre, muss sich immer erst noch bewähren, muss sich auch wehren gegen das, was war – WaWa ... Bis es sich lange genug gewehrt hat, sich bewährt hat, es ist wertvoll geworden.

Ein Wert ist ein Wert, weil er sich wehrt.

Nicht, weil er der Beste ist. Weil er am stärksten ist. Das muss nicht gut sein. Es ist nur beWert.

WaWa ...

Es hat sich durchgesetzt, entschieden auf dem Zukunftsweg.

Die Vielzahl der Möglichkeiten ... Darum sagen wir auch: Es wird. Weil es wirrt. Die Zukunft – weil es verwird!

Die Morgen ...

Ein Begriff aus der Landwirtschaft. Die vor uns liegenden Morgen der Zeit, und mit jedem Schritt entscheidet sich neu, was war. Und muss wieder entschieden werden, was wirrt ...

Der nächste Schritt ...

Hinter uns das GeStern, vor uns die Morgen und dazwischen schälen sich die Heute der Zeit.

Und manchmal brennen sie die Augen. Weil die Tage so scharf sind.

Wahr ist, was war. Alles andere wirrt ...

Die Zeit, die so wenig verzeiht. Sie vergeht sich – an uns.

Und wir vergehen fort. Wir werden ...

Es ist die wiederkehrende Frage. Über die Zeit. Die Frage: Werdenn ...?

Werdenn ich wahr ...? Werdenn ich bin? Werdenn ... Werde ich sein ...?

(AUSGESCHIEDEN)

Nun hab ich in der Stille der Nacht
In einen Eimer groß gemacht
Kurz war es laut, doch dann zum Glück
Kam alle Stille neu zurück

Nur ein Hund, der einsam kläfft
Im Eimer dort das große Geschäft
Was für ein Scheiß! – denk ich bei mir
Und wie ich so philosophier

Komm ich zum Schluss: Das ist die Zeit
Was bleibt, ist Gestank und Endlichkeit
Der Fraß der Tage hat sich entlohnt

Einzig am Himmel noch trotzt ein Mond
Umarmt von Nacht, des Dunkels Frieden
Die Zeit ist im Eimer ... Ausgeschieden

K L E I N
G E D I C H T
Z U R
N A C H T

Will ein klein Gedicht
Sich zur Nacht nicht fügen
Und es reimt sich nicht
Wie wir's gerne mügen

Ist doch halb so arg
Und wird schon sich finden
Wie ich's gerne mag
Heut laß ich's bewinden

Muss doch nicht zum Schluss
Immer alles stimmen
Geht auch anders. Muss
Nicht zum Reime kimmen

Es misslung. Was soll's
Wenn auch eines Menschen
Eines Dichters Stolz
Anders es tät wenschen

Sich so gern der Macht
Rechten Reims tät rühmen
Klein Gedicht zur Nacht
Ungerühmt zu trühmen

Was ist daran schlecht
Muss mich nur gewöhnen
Klein Gedicht. Hast Recht
Mich nicht zu bedönen

Bist mein klein Gedicht
Und von eig'ner Güte
Eigenart. Zwar nicht
Wie ich's lieben tüte

Trühmen tüte, wär
Mir die Macht gegieben
Hab gewenscht so sehr
Wie ich's tüte lieben

Ein Gedicht zur Nacht
Und jetzt bin ich müde
Hab es nicht vollbracht
Fachgerecht, solüde

Ich hab mich bemüht
Alles recht zu fügen
Drauß der Morgen früht
Werd auf's Ohr mich lügen

Mag ich oder nicht
Was ich mir getrühmet
Mag mein klein Gedicht
Wie es selbst sich rühmet?

Eigen, ungewohnt
Nicht, wie ich es möchte
Wie am End es tont
Seltsames Gedöchte

Eines frag ich mich
Will sich Welt nicht fügen
Füg ich also mich
Oder streit dagügen?

Drauß die Nacht wird hell
Kommt die Morgenröte
Zeit vergeht so schnell
Wie ich's lieben töte ...

STERNENZEIT

Erneut beginnt der Reise Pflicht
Du hattest Zeit, dich zu entscheiden
Das eine ja, das and're nicht ...
Hier etwas Glück, dort etwas Leiden

Nun baut ein güld'nes Engelein
Bevor die Himmel dich verwerfen
Dir eine kleine Sonne ein
Ein wild' Geflecht aus lauter Nerven

Darin mit Liebe eingepasst
Das Glück und Elend deiner Tage
So wie du es entschieden hast
Als Antwort auf des Engels Frage

»Welch' Leben soll es diesmal sein?«

Dann heißt es leiden und genießen
Bis wir geliebt – oder allein
Den Kreis und uns're Augen schließen

Es folgt der Sinn: Das Leiden war
Gleich wie auch alles Glück des Lebens
Die Angst zu nehmen einzig da

Es ist kein Atemzug vergebens
Kein Seufzer und kein Jubelschrei
Wenn endlich wir die Angst verlieren
Und geben alle Hoffnung frei

Wie viel muss doch an Not passieren
An Liebe, Wahn und Lebenslust
Bis endlich strahlend schön es funkelt
Das Sonngeflecht in uns'rer Brust

Verlangen, das den Sinn verdunkelt
Es ist verhungert mit der Zeit
Die wir den Kampf ums Glück vergessen
Und alles ist Gelassenheit

Das Träumen nicht von Angst besessen
Die Macht des Lebens nun verloren

Es ist zu Ende – und es brennt
Aus deiner Wanderschaft geboren
Ein neuer Stern am Firmament

FRIEDHELM KÄNDLER
JEROCH VERLAG

SCHÖNER DENKEN MIT WOWO
GEDICHTE | APHORISMEN | STABENSPIELE
168 SEITEN
19,90 EURO

DIE ABENTEUER DER MISSIS JÖ
BAND 1 (VON 4)
656 SEITEN
22,90 EURO

www.jeroch-verlag.de/shop/

JEROCH   FRIEDHELM   KÄNDLER

MARCUS JEROCH, PAUL-LINCKE-UFER 33   VERLAG   WWW.JEROCH-VERLAG.DE

10999 BERLIN

1. AUFLAGE   AUGUST 2023

EXEMPLARE: 0001   2000   -

UMSCHLAG: LAYOUT UND BURKHARD NEIE, XIX

SATZ: BURKHARD NEIE, XIX

DRUCK UND BINDUNG: BELTZ GMBH

ISBN: 978-3-86327-995-0